朝日選書
1026

権力にゆがむ専門知

専門家はどう統制されてきたのか

新藤宗幸

朝日新聞出版

権力にゆがむ専門知 ▒ 目　次

1章　政権・官僚機構と専門知

4章 新型コロナウイルス感染症対策

図版作成　鳥元真生
写真提供　朝日新聞社

権力にゆがむ専門知

専門家はどう統制されてきたのか

新藤宗幸

はじめに

政権や官僚機構には、多くの専門家が審議会や有識者会議の委員として参画している。政治や行政は何を目的としているのか。有識者（専門知）は政治・行政の意思決定にいかなる役割を果しているのか。政治・行政と有識者の関係は、これまでにも議論が交わされてきたが、そのありようはさほど大きな政治の焦点とはならなかった。だが、新型コロナウイルス感染症による深刻な社会経済の危機は、あらためて政治と専門知の関係に重要な問題を投げかけている。

新型コロナウイルス感染症が、これほどまでに社会の隅々にわたって甚大な影響をおよぼすとは、二〇一九年一二月に中国武漢市での急性呼吸器疾患の集団発生が報道された段階では、おそらく誰も想定していなかったろう。しかし、いまやパンデミックという言葉が物語るように、世界的に社会経済を揺るがしている。それぞれの国の政府は感染症の拡大抑制にむけて取り組まなくてはならない。

その際に避けて通れないのは、政治（政権）がどのような関係を専門知との間に築き政策を決定するのか、また専門知はいかなる思考のもとで政治に助言するのか、であろう。

安倍晋三政権は二〇二〇年二月に内閣の対策本部と新型コロナウイルス感染症対策専門家会議（「専門家会議」）を立ち上げた。公衆衛生や感染症の専門研究者を中心とするものだ。その後、専門家会議は七月に知事や経済専門家をくわえた新型コロナウイルス感染症対策分科会（「分科会」）に再編された。専門家会議の座長は、厚生労働省傘下の国立感染症研究所所長の脇田隆字《たかじ》であり、副座長は旧厚生省の医系技官（公衆衛生）からキャリアをスタートさせた、現・独立行政法人地域医療機能推進機構理事長の尾身茂だった。尾身は再編された分科会の会長に就き、以降、助言機関のリーダーとしての役割を担っている。

専門家会議＝分科会の設置は、政権の意思決定にあたって公衆衛生や感染症の専門家に助言をもとめるものであり、この限りでは、特段目新しい政治の手法ではない。

ただし、問題事象が未知のウイルスによる感染症であるだけに、この手法が機能するためには、政権の側は科学的マインドをもって専門知の助言に真摯に耳を傾け、意思決定せねばならない。一方の専門家会議＝分科会を構成する専門知には、自らの科学的知見にもとづいた、政治の利害に左右されない自律的行動がもとめられる。各種のデータとその科学的分析・解釈にもとづくファクトを提示せねばならない。政権の意思決定に科学的知見から疑問が生まれるならば、それを明確に指摘せねばならないし、専門家会議＝分科会の意見として公にせねばならない。それにどのように対応するかは政治の責任だが、専門知の意見の採否は、市民に分かりやすく説明されなくてはならない。こうした緊張関係がつくられていないならば、専門家会議＝分科会といったアドバイザリーボードは、感染症対策を進めるとする政権の「お飾り」にすぎなくなる。

＊

さて、新型コロナウイルス感染症との二年近い「闘い」を振り返るとき、政権と専門知の関係をどのように評価すべきだろうか。

くわしくは4章で考察するが、安倍晋三政権、それを引き継いだ菅義偉政権に、科学的リテラシーを重視した政策実施の意欲はかなり低調だったといえるのではないだろうか。感染症の伝播《でんぱ》が危《き》惧《ぐ》されだした二〇二〇年二月、安倍首相は北海道から沖縄にいたる全国すべての小中高校と特別支援学校に一斉休校を要請した。だが、当時の段階でいえば、全国一斉に休校をもとめるような状況ではなかった。実際、首相の要請は、地域ごとの感染状況や今後の推計などのエビデンスをしめすものではなかった。首相の要請（お願い事）に唯々《いい》諾々《だくだく》と従った自治体教育委員会の責任も問われる。ともかく、これによって子どもたちの学習はもとより、生活環境は大きなダメージを受けた。雇用不安が高まるなかで保護者の負担も増大した。しかも、この要請は専門家会議に諮《はか》ったものではなく、専門家会議のメンバーは報道機関のニュースで初めて知ったとされる。

同様の事態は菅政権でも繰り返された。感染状況がきわめて深刻化した二〇二一年八月、菅首相は突然のように、医療崩壊をくい止めるために中等症・軽症患者は「自宅療養」を原則とし、入院は重症患者や重症化リスクの高い患者に限ることを今後の医療の基本とする、と言明した。この重大な医療方針もまた、尾身茂・分科会会長が明かしたように、専門知からなる分科会にその適切さについて事前の相談はなかった。「自宅療養」についての医療の支援体制は整えられていないから、「棄民」政策に等しいとさえいえよう。

しかし、こうした事態を「政権の暴走」といって済ますわけにはいかないだろう。ここには政権と専門家会議＝分科会の双方に、政治と科学をめぐる重要な問題がふくまれていよう。

なによりも疑問をいだくのは、政権は何のために専門家会議を設けたのかであろう。新型コロナウイルスなるものの特質を解明するとともに、感染状況に関する情報の取得・分析によって対策の知見をえるためであろう。それは既存の政府組織のみでは不充分であるからこそ、助言組織を設けたのではないか。そうだとすれば、政権はなぜ専門知の助言をもとめなかったのか。専門家会議＝分科会は体裁だけのことだったのか。

一方の専門家集団は、政府の決定が事前に意見を聴かれるものでなかったとしても、科学者集団として、また医療現場を熟知する者として、政府の政策に毅然として意見を述べねばなるまい。政権の諮問に応えることだけが助言機関としての専門知のミッションではあるまい。政権に疎《うと》まれようとも、科学者として助言ないし意見を明確に述べることは、これほどの重要問題にかかわる専門知の責任といえよう。

安倍＝菅政権の行動は、何ともチグハグだ。二一年九月末日までに四回の緊急事態宣言を発令しつつ、その最中に東京オリンピック・パラリンピック大会を強行する。ＰＣＲ検査を当初きびしく制限した。社会的批判にさらされて検査基準を緩和（撤廃）したものの保健所などの体制が追い付かない。感染症対策のベースであるＰＣＲ検査は、今日なお十分に整備されないままである。

ワクチン接種についても政府の方針は二転三転した。当初は、自治体での接種が基本とされたが、進展がはかばかしくないとして、東京と大阪に防衛省・自衛隊による大規模接種会場が設けられた。だが、都府県域を越えた高齢者を対象とする広域的な接種は機能しなかった。ようやくにして職域や大学などでのワクチン接種が始まったが、職域といってみても一定規模以上の事業所にかぎられる。ワクチンは国産されていないから外国の製薬メーカーに依存せざるをえない。輸入量（供給量）についての政府見通しも「朝令暮改」とまではいわないが、説明責任を全うしているとはいえないものだった。外国製薬メーカーとの供給量についての交渉は政府の責任だが、ワクチンの供給量の不安定性にくわえて、接種の実施主体、対象者の優先順位などに関する明確な方針が設定されたとはいえない。

専門家会議＝分科会がこれらの問題に決定権限をもっていないのはいうまでもない。しかし、公衆衛生や感染症の専門家として積極的な提言が必要とされていよう。とりわけ、ＰＣＲ検査体制やワクチン接種指針については、これまで培ってきた専門家としての経験と叡智を結集して臨まなくてはなるまい。しかし、分科会にはこうした行動はみられなかった。東京オリンピック・パラリンピックの開催について尾身分科会会長は、一時期、国会の委員会や記者会見において疑問を提示した。政権は猛烈に反発したが、その後の両者の関係は、再び緊張関係を欠いているようにみえる。

こうした一連の事態をみるとき、いわずもがなの「国民のために働く内閣」を繰り返してきた政権だが、科学的マインドをもって問題解決にあたろうとする意思と意欲に欠けているといえよう。しかし、専門家会議＝分科会も市民に信頼された「権威」ある組織を目指して行動してきただろうか、大いに疑問である。

新型コロナウイルス感染症対策は、市民の生命と生活に直接の影響をもたらす事態であるだけに、政治と専門知の関係を鮮明にみることができるともいえよう。だが、政府は多数の専門知からなる諮問機関や有識者会議なる助言機関を設けている。政府の意思決定に参画する専門知は、はたして市民の感性に応えつつ科学的知見にもとづく助言機関として機能しているのだろうか。

＊

コロナ禍の二〇二〇年九月、菅政権は日本学術会議が推薦した会員候補一〇五名のうち六名の任命を拒否した。これ自体、「学問の自由」にたいする重大な政治の介入といわねばならない。ただし、それ以前から安倍＝菅政権のもとで学問・研究の条件は揺らいでいる。政治と社会の持続的な安定のためには、科学的リテラシーを重視する政治と、政治から自律した専門知を必要としよう。

本書は、政治と専門知の関係構造を振り返るとともに、幾つかの特徴的な事例のなかに政治の責任はもとより、専門知の社会的責任を問うことを通じて、専門知の自律の条件を考えてみようとするものである。

序章　学術会議任命拒否問題と専門知

1　権力による専門知の統制

一九四五年八月一五日のアジア・太平洋戦争の敗戦を機として、日本は天皇主権の絶対主義国家から国民主権の民主主義国家へと政治制度の外形を転換した。一九四五年までの昭和前期とその後の後期との連続性と断絶性は、今日なお熟考されるべき多くの論点をかかえている。とはいえ、昭和後期の大きな財産は、憲法に「学問の自由」「言論の自由」が宣言されたことだ。

アジア・太平洋戦争に敗戦後の日本は、巨視的にみるかぎり、「学問・研究の自由」にたいする権力の露骨な介入はなかったといえよう。もちろん、静かな一見すると人びとが納得してしまうような形で、権力による学問・研究の自由への介入が、ひたひたと加えられてきたのではあるが……。学問・研究の自由と表裏の関係にある「言論の自由」についても、露骨な権力の介入をみたわけではない。それぞれの価値観、時によってはイデオロギーを前面にだした言説が、総合誌やメディアで展開され論争を引き起こした。だが、政治権力が昭和前期のように反体制的言説にたいして強権的介入に走ったわけではない。

こうした状況に徐々に変化がみられるようになるのは、二一世紀に入ってからであるといえよう。それは社会的かつ政治的な対立軸の「衰退」を意味しようが、しかし、そうだからこそ、権力は「学問・研究の自由」や「言論の自由」への介入機会を虎視《こし》眈々《たんたん》と窺《うかが》っていたようだ。それは、二〇二〇年九月、発足直後の菅義偉政権による日本学術会議会員の任命拒否となって表れた。その内容やそれに先立つ動きについてみることから始めよう。

菅政権による学術会議会員の任命拒否

二〇二〇年一〇月一日、日本共産党の機関紙「しんぶん赤旗」は、日本学術会議が新会員候補として推薦した一〇五名のうち六名の任命を、菅義偉首相が拒否したことを大きく報じた。この報道を機として「任命拒否」は、政治の重大問題に浮上した。また、三〇〇を超える学協会が菅政権の行動は「学問の自由」にたいする権力的介入であると批判し、任命拒否の撤回をもとめる声明を発表した。この学協会の政権批判声明に特徴的であったのは、現実の政治分析に直接関係しない分野、とりわけ人文系の学協会が多数であったことだ。もちろん、文学であれ歴史学であれ研究者の視座の基礎には、現実の政治や社会状況にたいする洞察が存在する。だが、政権の行動を直接とりあげ批判声明をだすことはかなり稀《まれ》なことであった。それだけ、菅政権の行動を黙認するならば、「学問の自由」が崩れ去るという危機感がひろく共有されたことを物語っている。

こうした学者たちの行動に並行して野党やメディアの多く、そしてなによりも日本学術会議は、菅首相にたいして任命拒否の理由を明示するように迫った。だが首相は、「総合的・俯瞰《ふかん》的判断による」、「人事の理由は公表できない」と説明を拒否した。その後、「所属大学、年齢、男女比などを考慮した」と語ったものの、それ以上の具体的説明を拒んでおり、あらためて菅政権の陰湿で強権的な性格を印象づけることになった。

日本学術会議法第一七条は、学術会議会員は学術会議が会員の候補を選考して首相に推薦し、それにもとづいて首相が任命すると定めている。これは二〇〇五年の第二〇期から導入されている。そして、会員候補の選定について現行法は、現在の会員・連携会員が、「優れた研究又は業績がある科学者」から会員候補と連携会員候補を五名まで推薦でき、このうち会員候補の推薦は二名を上限とする。こうした推薦にもとづき選考委員会で選考がおこなわれ、学術会議として会員候補を首相に推薦することになっている。

これに先立つ一九八四年の学術会議法の改正は、学術会議会員の任命方法を大きく変えた。学術会議発足以来の自由立候補制に代わって、会員を推薦したい学協会は、まず学術会議に「登録学術研究団体」として認められなくてはならない。登録学術研究団体に認められた学協会は、会員候補と推薦人を学術会議会員推薦管理会に届け出る。つぎに推薦人が会員候補を選出し、さらに学術会議が首相に会員候補を推薦し、首相による任命を受けるとされた。実際には学術分野ごとに研究連絡委員会（研連）が設けられており、研連でかなりの調整がおこなわれた。

一九八四年の学術会議法の「改正」は、学協会の組織規模による会員の偏りや選挙運動への批判などを理由としていたが、政治とりわけ政権による任命拒否＝学術会議への介入が危惧され議論をよびおこした。だが、当時の中曽根康弘首相は、参議院文教委員会で「政府が行うのは形式的任命にすぎません。したがって、実態は各学会なり学術集団が推薦権を握っているようなもので、政府の行為は形式的行為であるとお考えくだされば、学問の自由独立というものはあくまで保障されるものと考えております」と答弁し、政府による政治的介入を否定した。

二〇〇五年の学術会議会員の任命方法の変化以降も、少なくとも学術会議による会員候補の推薦にたいする政権の介入は、表立って問題視されることはなかった。それだけに、中曽根首相による国会答弁（政府見解）が「順守」されているようにみえたのである。ただし、二〇一六年の会員補充において安倍政権は、それを承認せず空席のままとされた。

表に出た任命についての政府見解文書

今回の菅首相による任命拒否について中曽根時代の政府見解との齟齬《そご》を野党から追及された政府

は、二〇二〇年一〇月六日、内閣府日本学術会議事務局が一八年一一月一三日付で作成した「日本学術会議法第一七条による推薦と内閣総理大臣による会員の任命との関係について」と題する文書を公表した。

この文書は憲法第六五条の「行政権は、内閣に属する」と憲法第七二条の「内閣総理大臣は（中略）行政各部を指揮監督する」を踏まえるならば、「内閣総理大臣は、会員の任命権者として、日本学術会議に人事を通じて一定の監督権を行使することができる」とした。そのうえで、憲法第一五条の「公務員を選定し、及びこれを罷免することは、国民固有の権利」であり、「内閣総理大臣が、会員の任命について国民及び国会に対して責任を負えるものでなければならないことからすれば、内閣総理大臣に、（中略）推薦のとおりに任命すべき義務があるとまでは言えない」としている。

学術会議が公権力を行使する行政機関であるならば、この「文書」の理屈はそれなりに一理あるといってもよい。だが、学術会議は政権の政策決定に参画していないし、各学会の研究をはじめとした活動に規制をくわえる権限をもっているわけではない。首相による公務員の任免権限を学術団体にまで拡大解釈し適用するならば、それは「学問の自由」への侵害はもとより、首相専制に道を拓《ひら》くものといわねばならないであろう。

ところで、この会員任命に関する重大文書は、学術会議会長はもとより会員に「通知」されなかった。文書は内閣府日本学術会議事務局名とされているが、これほどの重要文書が内閣府の官僚レベルの裁量で作成されることなどありえない。内閣官房のトップレベルからの指示によるとみるのが自然だ。つまり、首相主導のもとに官邸への権力集中を追求しつつ、国家主義的政策をつぎつぎと展開してきた安倍政権は、一九八三年の「政府見解」を変更する文書を官僚に作らせ、つぎの学術会議会員の任命時の行為準則を用意し、特定秘密保護法、安全保障法制、沖縄県辺野古《へのこ》における新基地の建設といった政策に批判的な学術会議会員の排除を、ひそかに企図していたといえよう。

任命拒否の政治性

学術会議が次期会員候補として推薦した一〇五名のうち、菅政権が任命を拒否した六名が、集団的自衛権の行使を根拠づける安保法制の制定や特定秘密保護法に批判的言説を展開したのは事実である。また岡田正則・早稲田大学大学院教授は行政法学者として他の行政法学者とともに、辺野古新基地建設にともなう公有水面の埋立《うめたて》に関して、政権が行政不服審査法を恣意的に用いたことを批判した。

仲井真弘多《なかいまひろかず》沖縄県知事は、二〇一三年一二月、公有水面埋立法にもとづき事業を許可した。だが、続く翁長雄志《おながたけし》知事は一五年一〇月、これを取り消した。これにたいして事業者である防衛省沖縄防衛局は、行政不服審査法にもとづき国土交通大臣に不服申し立てをおこなった。国土交通大臣はそれを認め翁長知事の決定を覆した。行政不服審査法は行政の権力的決定に不服をもつ私人の救済を目的とする法律である。沖縄防衛局は「私人」ではない。また国土交通大臣は同じ内閣統轄下の機関だ。これでは不服審査の「客観性」「第三者性」は、はじめから存在しない。行政法学を専門とする学者でなくとも、政権の行為は「法律による行政」を自ら否定したものと考えるであろう。

特定秘密保護法や安保法制への抗議運動も、任命拒否された六名がトップリーダーであったわけでもオーガナイザーであったわけでもない。戦後日本の歩みを根底から覆そうとする安倍政治への危機感が市民に広く共有されたことによる自然発生的運動である。それはおよそ政治の動きに無関心とさえいわれてきた若い母親が、子どもとともに国会を包囲する集会に多数参加したことに物語られていよう。ようするに、安倍＝菅政治は、市民社会における自由闊達な言論の自由の「封殺」を指向しているといわねばならない。

反知性的・右翼的キャンペーンの背後にあるもの

しかし、まさにそうだからというべきか、安倍＝菅政治に同調する集団のあいだから任命拒否された六名の会員候補と特定政党とのつながりを指摘する動きが生じた。加藤陽子・東大教授は学生時代に民主青年同盟の熱心な活動家であったとか、小沢隆一・東京慈恵会医科大学教授や岡田正則・早稲田大学大学院教授は、民主主義科学者協会法律部会の現役幹部である、といったように共産党系団体とのつながりを報じるジャーナルがある（たとえば『選択』二〇二〇年一一月号）。「古色蒼然」と共産党との関係を論じること自体、「反知性主義」も際立っていようが、「学問の自由」どころか「思想・良心の自由」を省みない報道は、政権の政治思考をささえるものといってよい。

こうした報道にくわえて、一部のマスコミやSNSには、品性の欠片《かけら》もないニュースが駆け巡った。「学術会議会員を務め終わったら、二五〇万円の年金がもらえる学士院会員となる」といったフェイクニュースは、その最たるものだ。これを流した東京の全国ネットをもつテレビ局の責任は大きい。局内には「誤報」との意見もあるようだが（明確に間違いを認めていない）、視聴者のあいだに学術会議会員＝特権階層といった考えを植え付けてしまう。こうした報道にくわえて、近年の反中国感情を利用して学術会議が中国の科学・技術政策に加担しており、科学者の動員を目的とする「千人計画」に積極的に対応しているとの報道も流された。

だれが、なんのために、こうしたニュースを流すのかは、想像するに難くない。案の定、学術会議会員候補の任命拒否理由の開示を頑なに拒む政権と政権党は、学術会議の「改革」の名のもとに、会議の再編案の作成にむけて動き出した。独立行政法人や公益法人などの構想が出されているが、いずれにしても、政府部内の「特別の機関」としてのオーソライズをなくし、民間団体に準じた組織としようとするものである。

立憲民主党や共産党などの野党と政権に批判的なメディアは、「論点のすり替え」、「論点外し」とそろって批判した。だが、「敵は本能寺」ではないが、六名の学術会議会員任命拒否は、たんなる政権に批判的な学者の排除ではなく、学術会議「解体」のための序曲であったといえよう。これを機に学術会議にたいする反知性的・右翼的キャンペーンを駆り立てつつ政権が目論んだのは、「学問の自由」「言論の自由」「思想・良心の自由」を抑制し、歴史的にその拠点と目す学術会議にピリオドを打つことにあるといえよう。

2　人文・社会科学系分野の再編指向

学術会議の「安全保障技術研究推進制度」についての声明

学術会議は理系・人文・社会科学系の幅広い会員によって組織されている。二〇〇四年の学術会議法の改正後の組織は、三部制をとっている。第一部人文・社会科学、第二部生命科学、第三部理学・工学となっている。今回の改選で政権が任命拒否した六名は、いずれも第一部に属す予定の人文・社会科学系の専門家であり、第二部、第三部の理系研究者はふくまれていない。これはいったい何を意味しているのだろうか。

菅政権が会員任命を拒否した六名の専門家と政権の一連の国家主義的政策との関連には、「推測」の域を出ないとの批判もあろう。とはいえ、安倍政権以来の安保法制の制定、辺野古新基地の建設強行といった、軍事力の強化を指向する政権の性格からして十分に説得性のある「推論」といってよい。

ところで、人文・社会科学系専門家の任命拒否と密接に関係するが、政権が学術会議批判を強める背景として指摘されている事項に、防衛省・防衛装備庁が二〇一五年度から開始した「安全保障技術研究推進制度」への学術会議の対応がある。予算額は初年度の一五年度は三億円だったが、一六年度には六億円、一七年度には一一〇億円に急増している。これは防衛装備庁の設定した研究テーマにそった研究計画を公募するものだ。これまでにも防衛省からの委託研究やアメリカ軍の資金援助による研究が大学などでおこなわれているが、「安全保障技術研究推進制度」なる研究開発費の公募制度は、あらためて政府として軍学共同研究を推しすすめようとするものだ。しかも、何が「秘密」であるかが「秘密」とされる特定秘密保護法のもとにおいてである。

一九四九年一月に発足した日本学術会議は、第一回総会を締めくくる「声明」において、「われわれは、これまでわが国の科学者がとりきたった態度について強く反省し、今後は、科学が文化国家ないし平和国家の基礎であるという確信の下に、わが国の平和的復興と人類の福祉増進のために貢献せんことを誓うものである」と、その使命を謳いあげた。それはアジア・太平洋戦争の敗戦後の惨状と戦争への科学者の協力・翼賛体制を直視した、科学者としての「良心」の表明だった。学術会議は国際機関との連係もふくめて「平和国家」の建設に努めたものの、軍事と科学のあり方について長らく議論してこなかった。だが、「安全保障技術研究推進制度」という軍事と科学の連係をあけすけに目的とする政府の行動に危機感をつよめた。

学術会議は二〇一六年五月に「安全保障と学術に関する検討委員会」を発足させた。委員長に就いたのは政治学者の杉田敦・法政大学法学部教授だった。検討委員会の議論は軍事研究へのきびしい批判一色ではなかったが、検討委員会は一七年三月二四日に「軍事的安全保障研究に関する声明」を、四月一三日に付属文書である「報告」を発表した。
論点は多岐におよんでいるが、とくに強調されたのは、「学問・研究の自由の確保」には学術研究の自主性・自律性そして成果の公開性が保障される必要があり、人権・平和・福祉・環境などの普遍的価値に照らして研究の適切性を判断することが、科学者コミュニティの責務であると指摘したことだ。したがって、防衛装備庁が「安全保障技術研究推進制度」について、「基礎研究」あるいは「民生研究につながる」といおうとも、基礎研究であれば軍事研究にあたらないというものではなく、基礎研究も軍事研究ととらえるべきこと、軍事研究と民生研究をしっかりと区分することが研究者の責務であることを認識せねばならない、とした。

学術会議には「声明」や「報告」によって大学・研究機関の研究者の行動を規制する権限は存在しない。したがって、この学術会議の「声明」など一切お構いなしに応募する筑波大学などの研究機関も出てくる。だが、多額の研究助成制度を予算措置し、科学者・技術者を動員して軍事装備品の高度化を図ろうとする政府にとっては、なんとも目障りな「報告」「声明」である。

素朴な科学主義と歴史認識

概して学術会議会員次元でいうならば、人文・社会科学系専門家には検討委員会の「声明」「報告」に異論は少ないことであろう。ところが、物理学者の池内了《さとる》が指摘するように、科学者・技術者のあいだに科学主義・技術主義の発想が色濃くあることは否定できないであろう（池内了『科学者と軍事研究』岩波新書、二〇一七年)。つまり、科学・技術の発展が第一であって、その利用が民生か軍事かは次善のことでしかない、と考えがちである。たとえ、戦争という事態になろうとも、戦争は科学・技術を発展させ多くの発明を促し、人びとの生活を豊かにさせたのだ。いうところのデュアルユース(軍事・民生両用)論は、こうした素朴な科学主義から導き出される。したがって、こうした観点にたつならば科学・技術と軍事を結び付けた批判は、的外れということになる。

こうした素朴な科学主義は、軍備の高度化にむけた研究開発を図ろうとする政治をささえていくことになる。戦前期のみならず戦後日本においても、軍事研究にかかわる研究者の思考は、多分にこうした素朴な科学主義に支配されていよう。

とはいえ、素朴な科学主義のみが軍事研究をささえているのではない。より積極的に軍事研究を「支持」する科学者も少なくない。たとえば、学術会議の軍事と学術研究のあり方を審議した検討委員会の設置時の会長である大西隆は、「自衛のための軍事研究はみとめられるべき」と再三にわたって主張した。これは大西隆のみに特有なのではない。少なからずの理系の研究者にみられるといってよい。

素朴な科学主義さらには「自衛のための軍事研究」の支持者にあきらかに問われるのは、歴史認識の欠如だといえよう。古今東西の歴史をとりあげるまでもない。日本が引き起こしたアジア・太平洋戦争は、右派政治家や言論人が「日本および日本民族を欧米の侵略から守るための已《や》むに已まれぬ戦争」と位置づけ正当性を主張するように、「侵略」と「自衛」の区分はありえないのだ。そして軍事力の高度化を他国の「侵略」にたいする抑止力の強化として正当化しようとも、際限のない軍拡競争となる。いったんこうした流れが本格化するとき、一定の時点で軍拡競争から「撤退」することはできなくなる。

大西隆・元学術会議会長に代表されるような思考が、直接的には研究費をはじめとした研究体制の充実をもとめるものであろうとも、政権の意にかなわない軍事戦略に従属するものに外ならない。その結果、政治は人文・社会科学思考が「貧困」な理系研究者をターゲットとして、潤沢な研究費で取り込めばよいと考えることになる。もちろん、理系科学者や技術者の名誉のためにいうならば、そのすべてが素朴な科学主義や「自衛的」軍事研究者ではない。人類のための平和や福祉といった普遍的価値にもとづき科学・技術のあり方を追求する者も多い。ただし、政権の側は、のちに述べる原子力開発・原子力発電所の濫設《らんせつ》と同様に、それら科学者・技術者を相手にせずに、かれらが「少数派」であることを社会に印象づけることになる。

日本学術会議会員任命拒否問題で起きた国会議事堂前での抗議デモ＝2020年11月

　このようにみると、潤沢な研究費といった「アメ」の効果が薄いだけでなく、学問（科学）と社会との関係を重視し発言する人文・社会科学研究者は、政権にとって「目障り」であり、政治に物言わずに同調する人文・社会科学が望ましい。それゆえ、学術会議会員の任命拒否は、人文・社会科学批判の「象徴的行為」であって、政権はより制度的に人文・社会科学分野への介入を指向している、とみておくべきだろう。

人文・社会科学系学部の不要論

首相（官邸）へ権力を集中させ国家主義をひた走る政権にとって、政治権力のあり方の追究を基礎におく人文・社会科学系学問は、つねに疎ましい存在である。すでにその歴史的典型を戦前期の滝川幸辰《ゆきとき》事件や美濃部達吉の天皇機関説事件にみることができる。滝川幸辰や美濃部達吉への政治の批判は、そこにとどまらずに治安維持法を駆使して学問・研究を萎縮させ、全体主義国家への道を一段と加速させた。

憲法体制が異なるとはいえ、政治指導者さらには社会に「学問・研究の自由」の民主主義規範がしっかりと根づいていないならば、さまざまな形をとって「学問・研究の自由」への侵害が生まれてくる。

実際、二〇一五年六月、国立大学法人評価委員会は「教員養成系学部・大学院、人文社会科学系学部・大学院については、（中略）組織の廃止や社会的要請の高い分野への転換に積極的に取り組むよう努める」とした。この国立大学法人評価委員会の「意見」は、「文系学部・研究科の廃止」

として大きな議論を生みだした。文部科学省高等教育局は、直截的には教育学部や人文・社会科学系学部・研究科の「廃止」や「整理」にむけて動かなかったが、大学の運営体制には、すでにそのような傾向が色濃くあらわれている。

その具体について述べる前に一言触れておきたいのは、国立大学法人評価委員会の委員は、いずれも有識者であって著名な人文・社会科学系の大学教授も複数ふくまれる。かれらはいったい、学問分野を問わず学ぶべきである基礎的な人文・社会科学系知識の重要性や必要性を、どのように認識しているのだろうか。政権による学術会議会員任命拒否は、重大な「学問の自由」にたいする侵害だが、同時に、政府の組織を構成する専門家の学問・研究への認識を問わないわけにはいかないであろう。

国立大学法人化と組織態様の変化

大学組織の再編は、二一世紀に入って具体的に進行している。二〇〇四年度から国立大学が文部科学省の直轄組織から外れ法人化された。二〇〇一年の行政改革によって中央各省の直轄であった試験・研究機関、旧大蔵省時代から続く財務省印刷局のような現業組織、博物館や美術館などが、独立行政法人に改組された。国立大学の法人化は、この後追いであるといってよいが、運営経費は国庫からの交付金を基本とすることになった。しかも、運営費交付金は大学の経営努力を促すためとして毎年一パーセント削減されることになった。その一方で、国立大学には中期計画の作成が義務づけられるとともに、その達成状況について大学学位授与・評価機構の審査をうけることになった。多くの教員とりわけ学部長や研究科長の職にあった教員は、こうした書類の作成やその準備に「忙殺」された。筆者は「いまや大学教授はプロフェッサーでなく（ワード）プロセッサーだ」と『科学』（二〇〇七年五月号）にエッセーを寄稿したが、記載せねばならない事項は微に入り細を穿《うが》ったものだ。

ただし、国立大学法人化当初、教員のあいだに大きな異論が生じたわけではない。むしろ、文科省の直轄組織から外れることで、研究や対外的活動の「自由度」が高まるとの「期待」の方が大きかったとさえいえる。

ところが、法人化によって設けられた理事会に大学運営の権限が集中することになる。理事会は内部の教員のみならず外部の経済人、文科省の官僚（国家公務員法上は「出向」人事）などから構成された。理事会の権限の大きさをよく物語るのは、学長（総長）任命権限であろう。理事会のもとに学長候補選考会議がおかれ、会議が選考した候補について教員の「意向調査」との名による投票もおこなわれているものの、その結果は最終結果を拘束するものではない。あくまで任命権限は理事会に掌握されている。二〇二〇年の東京大学、筑波大学の学長（総長）選考において教員のあいだから「不透明」なる批判が生じメディアを賑《にぎ》わせたが、これ以前にも山形大学、新潟大学などにおいて学長選考の不透明さが問題視されている。

こうした理事会による学長選考の変化は、当然、大学の運営に大きな変化をもたらすが、くわえて二〇一四年の学校教育法の「改正」は、教授会の「形骸化」を推し進めた。国立大学時代、教員の採用人事は実質的に教授会の権限だったが、いまやそれは失われている。また大学の運営方針の決定は学部長会議や評議員会を舞台としていた。だが、いまや教授会は大学本部（理事会）の決定事項を教員に連絡する会議にも等しい状況にある。

また、法人化後の大学運営は基本的に大学交付金によることになったが、先述のとおり、毎年一パーセント削減される。したがって、教員に安定的な研究費を配分することは不可能に近い。法人化後、各大学のみならず文科省が推奨しているのは、「競争的資金」の獲得である。学術振興会の科学研究費補助金に応募するのは一種の教員の義務と化している。「競争的資金」には特別枠が設けられ、多額の研究費が計上されている。「競争的」の名が示しているように、審査を通らないならば得ることはできない。否応なく大学間競争は激しくなるし、大学の研究条件には格差が進行していくことになる。さらに、産業界との連携によるベンチャー企業の創設が促される。企業名を冠とした寄付講座などもはや目新しい動きではない。こうした大学の様変わりは教員のモラルにも影響をおよぼす。時にニュースとされるように、医学部・薬学部の研究者と製薬業界との「癒着」といってよい事態も生まれているし、原子力工学者と電力会社・重電メーカーとの研究費をめぐる不透明な関係も問題視される。

ようするに、国立大学の法人化にともなって次第に露《あら》わとなっているのは、「社会的要請の高い分野」なる「美名」のもとに、大学・大学院の組織を政治権力・経済権力が指向する研究分野に

「特化」させようとする動きであるといってよいのだ。

科学技術・イノベーション基本法の制定

国立大学の組織形態の変更後、研究体制に変化が生じているが、これをさらに加速するような法体制がつくられている。二〇二〇年六月一七日、「科学技術基本法等の一部を改正する法律案」が国会を通過した。そして、従来の科学技術基本法は、「科学技術・イノベーション基本法」と改称された。この新たな法律名をみてすぐに浮かぶのは、二〇一四年に安倍晋三政権が内閣府設置法の一部を改め、従来の総合科学技術会議を「総合科学技術・イノベーション会議」と改称したことであろう。

内閣府は二〇〇一年の行政改革によって首相直轄のスタッフ機関として発足した。内部組織として経済財政諮問会議をはじめとして、首相、関係閣僚と民間人からなる四つの諮問会議が設けられた。その一つが総合科学技術会議である。それは「科学技術立国」にむけた首相指導のためのブレーン機関と位置づけられた。政権がどこまで重視していたかはともかく、学術会議会長も民間人議員としてメンバーとされた。そして、二〇一四年に「総合科学技術・イノベーション会議」と改められ、未来投資会議や経済財政諮問会議と連携して、「イノベーションの創出」を促すとされた。「イノベーション」なる語句自体は多義的だが、ここでいう「イノベーション」とは経済開発や企業活動に役立つ科学・技術の開発・支援に外ならない。

ところで、安倍政権による科学技術・イノベーション基本法の制定は、たんに総合科学技術・イノベーション会議を実定法によって強化しようとするものではない。同法にはいくつかのあらたな特徴がある。

第一に、科学技術基本法にあった目的規定が変更されたことである。科学技術基本法第一条は「科学技術（人文科学のみに係るものを除く）の振興」を目的とするとしていたが、この括弧書き部分が削除されたことだ。外見的には、ようやくにして「科学技術」なる狭い領域から脱しひろく人文社会科学をも対象として、その振興に努めることを宣言したかのようにみえる。だが、「イノベーションの創出」という立法の基本目標に照らすならば、振興の対象とされる人文・社会科学は、あくまで「イノベーションの創出」に有用と政治が判断する専門知であろう。そのような人文・社会科学系の研究組織や研究者に研究費などを重点的に投下することになろう。

第二に、この法律は内閣府設置法を改正し、あらたに「科学技術・イノベーション推進事務局」を設置し、「研究開発の成果の実用化によるイノベーションの創出」に関する事務を担うとした。さきに述べたように内閣府には総合科学技術・イノベーション会議が設けられている。また科学技術・イノベーション担当の政策統括官（局長級）がおかれ、そのための総合戦略や官民共同研究体制、事業の推進を担っている。この組織体制をより強化し、政権主導によるイノベーションの創出を図ろうとするものだ。

第三に、改正前の科学技術基本法は、科学技術の振興は国と自治体の責務とするものだったが、改正法は、「イノベーションの創出」を大学等の「責務」とした。科学技術・イノベーション基本法の第六条第一項は、「(大学、研究開発法人等の)活動が科学技術の水準の向上及びイノベーションの創出の促進に資するものであることに鑑み、振興方針にのっとり、科学技術の進展及び社会の要請に的確に対応しつつ、人材の育成並びに研究開発及びその成果の普及に自主的かつ計画的に努めるものとする」とした。

さて、このようにみてくると、科学技術・イノベーション基本法は、人文・社会科学をふくめて大学における学問・研究にたいして「イノベーションの促進」なる枠をはめ、その方向に大学の研究・教育を誘導していこうとするものといえよう。さきに述べた法人化後の国立大学の学長選任方法や教授会の形骸化は、こうした政策の実施の受け皿として機能しよう。実際、理系、人文・社会科学系を問わず、とりわけ若手研究者の研究、環境は不安定となっている。いまや「特任助教」「特任准教授」といった名称をつけた任期付き教員任用制度は一般化している。大学の財政・経営条件は揺らいでいる。それゆえ、科学技術・イノベーション基本法、それを受けた科学技術・イノベーション基本計画の策定によって、「イノベーションの促進」にむけた競争的資金がより一層拡大し、大学間競争は一段と激しさを増すにちがいない。

とはいえ、「イノベーションの創出」を目的にできる人文・社会科学の分野は限られている。ようするに、科学技術・イノベーション基本法が目指すものは、科学技術によるイノベーションの促進条件を社会経済的視野から探求する人文・社会科学については支援するが、それ以外は「不要」

ということになる。国立大学法人評価委員会の「報告」が語った大学組織の廃止論と表裏の関係にあるといってよい。

ところで、研究者が政権（政治）の意のままに動くかどうかは、理系・文系を問わず人文・社会科学の知識や経済社会にたいする洞察力によって左右されよう。もちろん、すべての研究者がひろくかつ深い人文・社会科学の知識をもつことなど不可能である。だからこそ、人文・社会科学の各分野に精力的に取り組む専門家を必要とするし、その業績の蓄積をもとにした教育への伝播が重要とされるのである。つまり初等中等教育から高等教育まできちんとした学問に根差した教育が重視されなくてはならないのである。「教員養成系教育組織の重視」は、本来、こうした教育をなしうる組織の重視でなくてはならない。

科学技術・イノベーション基本法は、うわべだけのGDPの向上や科学技術の「発展」を促すかもしれない。しかし、一方において学問・研究の基礎構造を脆弱《ぜいじゃく》化させ、ひいては政治が指向する「科学技術立国」の根幹を揺るがすことになろう。

3　政治・行政と専門知の根源的問題

有識者会議の濫設

これまでみてきたように、学術会議会員任命拒否事件は、安倍＝菅政権による「学問の自由」にたいする国家主義的介入であるといえよう。そればかりか、「人事権は内閣の専管事項」を理由として任命拒否の理由を語らないのは、民主政治への挑戦であるといってよい。画策されている学術会議の「解体」が現実のものとなるならば、政治にたいする有力な「対抗力」である、科学者コミュニティからの提言や意見表明が消え去ることになるだろう。

ところで、政治というのは、ひとつのシナリオ、あるいはプログラムにもとづいて社会的反応をみつつ進行するといってもよい。極東国際軍事裁判において戦争責任を問われた被告たちは、おしなべて「すでに既定の事実だった」と自らの責任を否定した。これなど一つの典型だが、学術会議会員任命拒否についても、とりわけ二一世紀に入って進行した国立大学の法人化や学校教育法の「改正」による大学改革、科学技術・イノベーション基本法の制定などは、学術会議問題の伏流であったといえよう。とりわけそこにみられるのは、政治・経済・社会の動きをその構造的要因にわたって批判的に考察する科学に「退場」を迫るものであった。しかし、そもそも人文・社会科学とは、国家なる政治権力との緊張関係を欠いて成立しない。とはいえ、安倍＝菅政権が、こうした学問の「本質」を無視して臆面もなく「学問の自由」に踏み込んでいるのは、学問と研究者にたいする政権なりの「認識」があるからだといえよう。

二〇一二年一二月の第二次安倍政権の発足以降、国家行政組織法第八条を基本的根拠として法律ないし政令で設置される公的諮問機関（審議会等）にくわえて「有識者会議」なるものが、内閣府レベルや各省につぎつぎと設けられている。

「有識者会議」は一九八〇年代の中曽根政権時代に濫設された「私的諮問機関」と基本的に同一である。「私的」とはいうが、首相や大臣・局長などの「私的」な研究会や懇談会ではない。法令に設置の根拠をもたずに要綱などで設置されている。公的諮問機関との対比で「私的」といわれたが、アドホックにかつ臨機応変に設置でき、政治権力にとっては使いやすい。それだけに、検討課題（諮問事項）も会議の設置自体が国会審議の対象とならないから、防衛費のＧＮＰ一パーセント枠の撤廃を審議した平和問題研究会、首相の靖国神社公式参拝の可否を審議した靖国神社懇談会のように、高度に政治性の高いものが少なくなかった。それゆえ、私的諮問機関なるものに「国会の無視」さらに「民主政治の形骸化」といった声が高まった。

私的諮問機関なる言葉がいつから「有識者会議」に取って代わったのかは、かならずしも明確ではない。安倍政権が中曽根政権の政治手法を踏襲しているのはこれにかぎられるわけではないが、第二次安倍政権以降にとりわけ目立つのは、有識者会議の濫設であるといってよい。政権の掲げる国家主義的政策や新自由主義に立脚する政策・事業の設計のために、有識者会議がつぎつぎと設けられた。集団的自衛権の行使を可能とする法体制を審議した安保法制懇談会、教育再生実行会議、働き方改革実現会議、全世代型社会保障検討会議、未来投資会議（産業競争力会議）、さらに新型コロナウイルス感染症の拡大をうけて設けられた専門家会議などは、これらの代表例である。そして、こうした政権中枢の動きは各省にも伝播し、各省もまた自らかかえる公的審議会とはべつに、有識者会議を設けている。

従来の公的諮問機関もその役割を形骸化させているわけではない。経済産業省の総合資源エネルギー調査会は、日本のエネルギー政策の基本的方向を審議しているが、その「基本政策分科会」は、まさに「脱炭素社会」を奇貨として原発の役割を検討するものである。中央教育審議会も教育再生実行会議の議論をベースとして、初等中等教育の具体的改革を審議し大きな影響力を保っている。しかもそれらは、政権と政治指向を同じくすると思える専門知から構成されている。

政治に動員される専門知

濫設される有識者会議や公的諮問機関で活動する有識者は、いわゆる学者・研究者ばかりではない。「有識者」なる言葉（概念）は、ある意味で「漠」としており、当該政策・事業領域に精通した人びとをひろく意味するともいえよう。そうだからこそ、政権の濫設する有識者会議の委員には検討課題に密着する利害関係団体の代表も多数名を連ねる。公的諮問機関には、従来から問題視されてきたように、利害関係団体の代表が多数を占め、「国民の参加の場」はタテマエであって、利益団体の調整の場ではないかとされてきた。働き方改革実現会議にも日本経団連や日本商工会議所など経済団体代表、労働組合のナショナルセンターである連合会長がくわわっている。

しかし、こうした利害関係者とともに、その分野の専門家が委員に任命されている。さらに、こうしたひろい意味での諮問会議への専門知の動員のみではなく、原子力規制委員会に典型をみるように、専門知のみで構成された行政機関も存在する。ともあれ、有識者会議の濫設は、政治による専門知の動員を顕著としているが、権力の「お誘い」に応える学者・研究者が少なくないのが実際である。政治・行政がなぜ専門知を取り込もうとするのか。政治は専門知の科学的助言を期待しているのか。専門知が権力との協調関係に期待するものは何か。これらは、政治・行政と専門知（科学）の関係性を考えるうえで重要な命題なのだが、かならずしも深く追究されてきたとはいえない。

＊

菅政権による学術会議会員任命拒否を機とする「学問の自由」への介入は、きびしく批判されなくてはなるまい。これを機として、あるいはそれ以前からの教育政策が人文・社会科学の「否定」であるのは、繰り返すまでもない。ただし、政治・行政権力に「同調」する専門知もまた顕著であり、こうした現状が政権の臆面もない「学問の自由」への介入をもたらしているのではないだろうか。

学術会議会員任命拒否問題は、あらためて専門知のあり方を問うものといってよい。つまり、自然科学はもとより人文・社会科学の状況を全体としてみるならば、大きな「分断」が生まれているといっても過言ではないだろう。真理を探究する科学者の職業倫理を矜持《きょうじ》として政治権力を批判する集団が存在する一方において、自ら進んで権力に協調する集団が存在する。現代政治・行政における権力と専門知のあり方を考えるべき時代である。

1章　政権・官僚機構と専門知
——敗戦後、専門知をどのように調達したのか

1　官僚制と専門知の結合

社会の近代化を大規模に推し進めようとする政府にとって、いかに科学的な専門的知識を政府内に取り込み組織化するかは、きわめて大きな課題だ。ここにいう専門的知識は、法律の作成や解釈、法執行の手続きや基準の作成、租税の創設と課税・徴収の方法、予算の作成と実行といった、いわゆる行政技術から、教育、社会的扶助などの民生上の知識、河川、道路の整備・建設などの工学上の知識・技術まで、じつに広範囲にわたる。同時にまた、これら専門的知識を駆使できる政府組織をつくるための知識と技術を必要とする。それは公務員制度、行政組織制度などであり、これらの

組織化と管理のための専門的知識と技術である。さらに、くわえていうならば、近代国家を究極的にささえる「暴力装置」＝軍制の組織化と管理技術におよぶ。

今日なお、発展途上国といわれる国々において、専門的な知識と技術を組織化することは、政治の必須の課題とされているが、日本近代一五〇年もまた、法制・行政執行から科学・技術分野にいたるまで、大量のプロフェッショナルの養成と組織化から始まった。ここでは政治と専門知の関係をいくつかのエポックごとにみておくことにしよう。

天皇の「官吏」として権限・組織を拡張

明治近代化は強烈なナショナリズムをささえとしていた。明治政府の高官たちの脳裏にあったのは、国家意思を着実に具現できる法制度の設計とその執行を担いうるプロフェッショナルを自力で養成することだった。明治政府は当初、工部省の工部大学校、司法省の法学校、陸軍の士官学校、海軍の兵学校に代表されるスペシャリスト養成校を設立した。だが伊藤博文らは、行政一般をひろく担いうる行政官僚の養成校が存在しないことを危惧し、国家の「官吏《かんり》」養成こそが急務とした（水谷三公『官僚の風貌』中央公論新社、一九九九年）。たしかに、明治新政府が「藩閥政府」といわれたように、薩摩・長州などの江戸幕府を討伐した有力藩の下級武士階級を中心としており、これでは近代化を領導しうる行政体制にはほど遠い。

官吏養成の教育システムは、一八八六年の帝国大学令によって発足した帝国大学（一八九七年の京都帝国大学の発足後、東京帝国大学）は、官吏養成のための教育機関だった。帝国大学は法科大学、文科大学、医科大学、理科大学、工科大学から構成されたが、帝国大学総長は法科大学学長を兼務した。帝国大学法科大学の卒業生は無試験で官吏に採用された。この「特典」が廃止された一八九三年以降も、試験科目は法科大学の講義科目であり、出題も法科大学教授たちによっていたから、帝国大学法科大学が実質的に官吏養成の教育機関であったことに変化はなかった。このことは、追い付き型近代化を追求する日本が国民国家としての体制を固めるために、いかに法制の専門知識と技術を備えた官僚の養成を重視したかを物語っている。

この一方において、帝国大学に統合された工部大学校は、技術官僚の自力養成を図るものだった。工部大学校は、一八七一年に工部省工学寮として創設され一八七七年に工部大学校となるが、ここには土木、機械、造家（建築）、電信、化学、冶金《やきん》、鉱山の七学科がおかれ、修学期間を六年とするものであった。工部省は一方においてヨーロッパに留学生を派遣し先進技術を学ばせるとともに、「お雇い外国人」といわれる技術者を招いた。その一人であるオランダ人河川技術者であるデ・レイケを主人公とする、上林好之『日本の川を甦らせた技師デ・レイケ』（草思社、一九九九年）は、この時代の外国人技術者の功績と苦悩をじつに丹念に描き出している。デ・レイケは、木曾三川《さんせん》（木曾川、揖斐《いび》川、長良《ながら》川）や九頭竜《くずりゅう》川の治水事業を優れた技術者として指導する。

だが、ヨーロッパ留学組の帰国者や工部大学校での教育を受けた者がつぎつぎと内務省に登用されることによって、政府部内から「もはやお雇い外国人は不要」との声が上がる。さらに法制官僚はもとより、近代国家の建設に不可欠な公衆衛生、鉄道建設、電信・電話などの分野の技術官僚が、帝国大学での教育を受けて官僚機構を形成していった。

日本の近代的官僚機構は、ほぼ一八九〇年代に「完成」をみたといえるが、それは専門的知識と技術を備える官僚の自力養成とパラレルである。言い換えれば、官僚制組織は専門知の集積の「空間」として形成されたのである。とりわけ日本のような追い付き型近代化をたどった国においてはそうである。

こうしてスタートした日本の官僚機構は、天皇主権の憲法体制のもとで天皇の「官吏」として権限と組織を拡張させていく。その中心に位置したのは法制官僚だった。国家の権力を高度化し天皇主権体制を揺るぎないものとするには、現に生じており、あるいは起こりうる事態を想定した法制と執行体制を固めねばならない。官僚制組織の中枢を法制官僚が占めるのは当然だった。だが政府は、その一方において近代化と経済発展のために、科学・技術分野の専門知の充実を重視した。このことは、京都帝国大学の設置以降につくられた五つの帝国大学（東北、九州、北海道、大阪、名古屋─設置順、京城、台北帝大を除く）が、いずれも理系大学であったことが物語る。これらの大学卒業生のなかからも中央各省に「技術官」として入省する者が少なくなかった。

しかし、東京帝大をはじめ帝国大学を卒業し、技術官僚として官僚機構を構成する者の地位は、法制官僚優位の状況下でけっして高くなかった。技官冷遇論や地位向上運動が起きる（技官冷遇論は、今日なお尾を引いているが、これについては拙著『技術官僚──その権力と病理』〈岩波新書、二〇〇二年〉を参照されたい〉。それゆえに、傀儡（かいらい）国家・満州国に活躍の場をもとめた技術官僚も少なくなかった。

ともあれ、こうして形成・発展を遂げた日本の官僚機構は、蓄積される専門知という視点からみるならば、法制技術やその執行のための行政技術に偏向するものだったといってよい。法制官僚優位という「特質」は、アジア・太平洋戦争の敗北によってもほぼ「無傷」であった戦後官僚制に引き継がれていく。

GHQによる専門知の外部注入と制度改革

アジア・太平洋戦争の敗北によって日本の憲法体制は、天皇主権から国民主権に根本的に転換した。GHQ（連合国軍最高司令官総司令部）は、政治・行政から経済社会全般におよぶ民主化を日本政府に指示する。戦前期官僚機構は、戦争遂行を直接担った陸軍省・海軍省、大東亜省などが廃止となる。国政全般に絶大な影響力をもった内務省も、一九四七年一二月に解体される。こうした官庁の廃止はあるものの、戦前期のエリート官僚である高等文官は戦後においても生き残り、GHQの指示に唯々諾々《いいだくだく》と従うものでGHQの指示のもとで戦後行政体制をつくりあげていった。それはGHQの指示に唯々諾々と従うものでなく、換骨奪胎の様相をとるものである（幾度かの変遷をへて中央省庁体制が安定をみるのは、一九六〇年の自治庁の自治省への「昇格」である。二〇〇一年の中央省庁の大規模な統合は、これを前提とする）。

しかし、戦前期からのエリート官僚には、GHQの指示する「民主化」を実施する専門的知識が備わっていたとはいえない。行政組織制度、公務員制度、教育制度などの民主化は、GHQの官僚やGHQが招聘《しょうへい》したアメリカの顧問団・調査団の報告に依拠するところが大きかった。いわば日本の官僚制は、否応なく外部（GHQ）から注入される専門知を受け入れざるをえなかった。

戦後行政組織の形成と専門知

戦前期の行政官庁の法的根拠は、天皇の名で発せられる勅令である各省官制通則ならびに各省官制にあった。主権構造の転換によって行政組織の設置と内部組織、所管する事務は、法律として定められることになる。つまり、国家行政組織法が行政組織編制の基準法であり、各省はそれぞれ設置法によって、その設置と内部組織ならびに所掌の事務が規定されることになった。日本国憲法と同時に施行された内閣法は、内閣に行政権が属することを基本としつつも、各省大臣を「主任の大臣」として行政事務の分担管理を定めた。内閣は憲法にもとづき国会多数派によって組織されるから、この限りにおいて民主主義政治体制に沿うものである。ただし、各省大臣の「事務の分担管理」は、多分に戦前期内閣制度の特徴である各省大臣の「単独輔弼《ほひつ》制」（各省大臣は単独でそれぞれ天皇を補佐すること）を引き継ぐものといってよい。内閣法の制定に際してGHQと日本政府の法制官僚とのあいだには協議が重ねられるが、GHQの官僚の意思は一体でなく、結果的に戦前期の特徴を残すものとなった。

ところで、実際の行政執行を担う行政組織には、GHQの意思が多分に反映された。行政組織編制の基準法である国家行政組織法は、憲法・内閣法の施行に続いて一九四八年に制定（翌年、施行）され、同時に各省設置法が制定・施行される（この間は暫定的に戦前期各省官制通則を国会制定法とした行政官庁法による）。国家行政組織法は、その名称からして、GHQの影響をうかがわせるが、明治期以来の行政法概念である「行政官庁」は否定され、英米系行政法理論に立脚する「行政組織」が採用された。このことは、行政権を掌握する内閣の政治・行政上の地位を強化すべきとするGHQの意思を反映するものとされる。行政機関の内部編制にどこまで国会を関与させるか（法律事項とするか）は、国家行政組織法の制定時の国会での論点であった。結果的に局の設置までを法律事項とすることで国家行政組織法は成立をみるが、それは後々まで国会の論点とされた。ただし、GHQは行政機関の内部組織編制への国会関与については、さほどの関心をしめさなかったという。

1945年9月、連合国軍最高司令官のマッカーサー元帥を訪問した昭和天皇＝GHQ写真班（米軍）撮影

むしろ、GHQが行政組織に導入をもとめたのは職階制であった。行政組織の職をその権限と責任に応じて分類し構成

する職階制は、英米系行政法理論に立脚しており、アメリカの政府組織を構成している。日本の行政官庁は組織単位の所掌事務を「概括」的に規定しており、行政執行についての職の責任は不明瞭である。もっとも、天皇の官吏として無謬性を前提としており、責任の所在を問われることはなかったのだが……。これはつぎの公務員制度の構築のなかで考えることにしよう。

公務員制度と対日合衆国人事行政顧問団

明治政府が帝国大学法科大学を設置し官吏の養成を図ったことはすでに述べた。一八九三年には、文官任用令および文官試験規則なる勅令が制定され、官吏を目指す者はすべて文官任用試験を受験せねばならないとされた。これは「四民平等」を官吏への登用においても実現するものとされた。ただし、技術官僚（技官）については、この改正によって内閣につくられた文官高等試験委員、文官普通試験委員の選考（銓衡《せんこう》）によるものとされ、公開競争試験の対象外とされた。

官吏はエリート候補生である高等文官と非エリートである普通文官に区分された。ともあれ、公開競争試験によって官吏としての能力を判定し登用を図る資格任用制（merit system）は、一九世紀末に制度化された。このかぎりにおいて日本の資格任用制導入は、アメリカやイギリスに後れをとるものではなかった。ただし、近代公務員制度の特徴である政治的中立性の確保とそのための人事行政機関は設けられなかった。また、高等文官と普通文官の区分に加えて官吏には、天皇からの距離に応じて、親任官《しんにんかん》、勅《ちょく》任官、奏《そう》任官（ここまでが高等文官）、判《はん》任官（普通文官）なる身分的階級区分がなされた。さらにこれら官の下には傭《やとい》、属といわれる下級職員が存在した。

GHQは、こうした官吏（官僚）制度の民主化＝近代化をもとめた。だが、日本側に改革をゆだねることは不可能とみたGHQは、アメリカからブレイン・フーバーを団長とする対日合衆国人事行政顧問団（フーバー顧問団）を招いた。フーバー顧問団は、一九四六年一一月に来日し、翌四七年六月に片山哲内閣に国家公務員法の要綱案を含む報告書をしめし、その全面的法制化を求めた。これにもとづき片山内閣は四七年一〇月に国家公務員法を制定した。

片山内閣が制定した国家公務員法は、国家公務員の職を一般職と特別職（政治的任命職）に分類し、「一般職は、特別職に属する職以外の一切の職を包含する」とさだめ、戦前期官吏制度にみられた身分的区分を廃止した。また公務員制度を管理する中央人事行政機関として、総理庁に人事委員会を設置するものだった。だが、この国家公務員法はフーバー顧問団の求めたものに忠実ではなかった。片山内閣はフーバー顧問団の法案要綱にフーバー帰国後に修正をくわえたのである。主たる修正点は、事務次官を特別職とし政治的任命を可能としたこと、人事委員会を総理庁におき内閣の公務員制度への権限を強化したこと、一般職の争議行為を禁止する規定を削除したこと、の三点である。

左翼政権である片山哲内閣が、存続する戦前期官僚機構に影響力を確保すること、また公務員の労働基本権の法制化を図ったことは「当然」の行動であったといえよう。ところが、再来日したフーバーはこの事実を知り激怒する。自ら国家公務員法の草案を起草し、完全な履行をせまった。G

ＨＱもまた四八年七月に芦田均内閣にたいして公務員の労働基本権を制限した国家公務員法の「改正」をおこなうべきとする「マッカーサー書簡」を発した。こうして、第二次吉田茂内閣は四八年一一月にフーバー起草の国家公務員法案に忠実な法改正をおこなうのである。

これが今日につづく国家公務員法の「原型」となるが、改正の要点は、次の三点であった。つまり、事務次官を一般職に戻したこと、一般職公務員を労働三法ならびに最低賃金法の適用から除外したこと、そして人事委員会を廃止し内閣から相対的に独立した人事院を設置したことである。

人事院は「内閣の所轄の下に」おかれ、三人の人事官を最高意思決定機関とする合議制の機関とされた。人事官は内閣によって任命されるが、任命にあたって国会の承認を必要とする。人事院の内部組織には国家行政組織法は適用されない。予算についても人事院の独立性は高く予算案の編成権が与えられている。内閣が人事院の編成した予算案に異議があるばあいには、その理由を付して内閣作成の予算案と人事院作成の予算案の双方を、国会に提出せねばならない（「二重予算制度」という）。くわえて、人事院には国家公務員法を運用するための規則制定権、公務員の給与や勤務条件に関する内閣への勧告権、職員の処分など不利益な取り扱いを審査する準司法権限などが広範に認められた。労働条件についての勧告権や公平審査の準司法権限は、もちろん労働三権を制約する代償措置であるが、近代的公務員制度への一歩が印されたとみることができよう。

ところで、フーバーの起草した国家公務員法案は、たんに公務員の身分的階級区分を廃止しただけではない。さきに触れた職階制にもとづく人事システムを構築しようとするものであった。国家公務員法第二九条は職階制を定め、一九五〇年には国家公務員の職階制に関する法律も制定された。しかし、職階制は実際には導入されず、二〇〇七年に国家公務員法から削除され職階制に関する法律も廃止された。

さて、行政体制の骨格を形成する行政組織制度や公務員制度は、日本の占領統治が間接統治であったとはいえ、戦前期からの主流である法制官僚の制度構想能力を超えるものであった。行政官庁理論では全く対応不可能だった。公務員制度にいたっては官吏制度からの根本的転換であり、およそ政治的に中立な人事行政制度などは、従前の制度と運用から遠く離れており、法制官僚に理解しうるものでなかった。ましてや職階制などは構想されたことなどなく、理解能力を超えるものだった。絶対権力であるＧＨＱによる専門知の「注入」によって官僚機構は新たな衣を纏《まと》ったのである。しかし、そうであるからといえるが、連合国軍による占領が終結し再び独立国として歩みを開始するなかで、衣を脱ぎ捨てることはなかったものの、制度運用は大きく変わっていくことになる。

教育制度の改革――外部の専門知と官僚

少なくとも制度の外形からいうならば、戦前期との「断絶」といってよい画期的変化を遂げたのは、教育制度、それも小中学校基礎教育制度といってよいだろう。天皇制国家をささえる中央集権的な皇民教育としての基礎教育制度は、日本側にも大変革が避けられないと認識されていた。だが、それをどのように改革すればよいのか、専門知は限られていた。

ＧＨＱは人事行政と同様に、教育ならびに教育行政制度を調査し改革の方向をまとめるためにアメリカから使節団を招いた。一九四六年三月に米国教育使節団が来日した。使節団は一九五〇年にも来日しているが、戦後教育の骨格形成に影響力をふるったのは、四六年の第一次米国教育使節団だった。これは、ジョージ・Ｄ・ストッダード（イリノイ大学名誉総長、ニューヨーク州教育長官）をはじめとする総勢二七名におよぶ大規模使節団だった。この使節団を補佐するために日本側は日本教育（家）委員会（のちに教育刷新委員会）を設けた。ともあれ、第一次使節団は約一か月滞在し四六年三月三一日に報告書をマッカーサー最高司令官に提出した。

この報告書は日本の教育制度を根底から問い直すものだった。つまり、教育課程や教授法、人事にたいする文部省権限の廃止、内務省と文部省の断絶、公立初等・中等学校の教育行政権限の都道府県・市町村への移管、都道府県・市町村に一般民衆の公選で選ばれた委員からなる、政治的に独立性を保障された教育委員会を導入すべきこと、などを骨子とした。とりわけ、日本の国家主義的教育に根底からの改革を迫ったのは、都道府県・市町村に住民の直接公選による教育委員会を設置し、基礎教育の責任主体とすべきとした点である。これを法制化した教育委員会法は一九四八年七月に制定をみた。

第一次米国教育使節団の報告と教育委員会法の制定にいたる過程については、すでに多くの研究が存在するが、文部省の対応を専門知の観点からみると、幾つかの特徴を見出すことができよう。

さきにも触れたように、日本側とりわけ文部省には、使節団やＧＨＱがもとめる改革を具体的に制度設計する専門的知識はなかった。そこで日本政府は、田中耕太郎や前田多門に代表される政府部外の専門家や文化人を文部省に取り込み、米国教育使節団の報告を基本前提としながら日本的変容を試みた。田中耕太郎は戦前期に東京帝国大学法学部長を務めた法学者（商法）だが、戦後、文部省学校教育局長に転じた。前田多門は内務官僚だったが、後藤新平が東京市長時代に助役を務め、その後、東京朝日新聞社に転じた。この背景にあったのは、専門知の欠如にくわえて文部省の存続は難しいと考え、GHQに「恭順の意」を表したものとされる。ともあれ、田中たちは教育行政の一般行政からの「分離独立」を、日本の民主化と関係づけて論理化し、GHQの民間情報教育局（CIE）との交渉を重ねた。

GHQの指示のもとに作られた地方教育委員会

当時、GHQは日本の地方制度の民主化と分権化を日本政府に指示した。一九四七年五月三日に憲法と同日に地方自治法が施行されたが、地方自治法の作成を担ったのは内務省であった。内務省は知事公選に象徴される地方自治体の政治行政制度の民主化をもとめるGHQに異議申し立てできなかった。だが、内務省の構想は直接公選の首長のもとに行政を一元化することだった。仮にこの内務省の構想が実現するならば、文部省は教育行政への権限を失いかねない。「教育行政の一般行政からの分離独立」論は、文部省存続のための論理であったといえる。ただし、GHQがなぜ皇民教育をささえた文部省の存続を認めたのかは諸説あるが、今日にいたるまで具体的史料をもって解明されていない。

ともあれ文部省は、この論理をかかげCIEと教育委員会制度の細部について折衝を重ねつつ、教育委員会法案を作成していったのである。都道府県教育委員は七名、市町村教育委員は五名であり、それぞれ一名は議会選出、他は住民の直接公選とされた。また教員も立候補できる。これはCIEの教育行政への教員参加の要請に応えたものだった。都道府県教育委員会と市町村教育委員会は、それぞれが設置する公立学校について、教科書の選定や教科の内容についての決定権をもち、教員の人事権をもった。また学校の設置や管理について議会の議決によらずに独自におこなうことができるとされた。

巧妙な影響力の維持

このように、敗戦と民主化という環境の激変のなかで文部省は、大臣、局長などの高官に戦前期教育行政との関係をもたない外部の専門家や文化人を取り込み組織の存続を試みたのである。それならば、省内の法制官僚はただ事態を受け入れ受動的に事務を遂行したのかといえば、そうとはいえない。

教育委員会法の制定に取り組んだ文部省は、廃止を免れるどころか一定の組織的安定を保つことができた。だが、一方において教員人事権も公立学校への一般的指揮監督権も失った。この行政権限の衰退の危機から脱するために、文部省法制官僚が見出したのは、地方教育委員会にたいする

「指導・助言・援助」だった。GHQ・CIEの指示をもとに地方教育委員会はつくられ、学校教育の権限と責任の多くを担うことになった。しかし、それを運営する能力は乏しかった。指導・助言・援助は、公法学にいう権力的な行政行為ではない。まさに非権力的な指導であり助言だ。だが、このレベルで実際をみるのは誤りといってよい。のちに教育委員会法の廃止を省内でリードした木田宏（省での最終ポストは事務次官）に代表される文部省の中堅・若手官僚は、地方教育委員会の幹部との協議の場を設けるとともに、『文部時報』という機関誌にQ＆A欄を設け、教育行政の方向を指導していった。

日本独立後の一九五六年、教育委員会法は廃止され地方教育行政法が制定される。これによって文部省の地方教育委員会への統制権限も新設されるが、なおかつ文部省は「指導・助言・援助こそが『本旨』」と主張し続ける源流といえる。

このようにみてくるならば、戦前からの法制官僚の「強靱《きょうじん》さ」をあらためて認識させられよう。組織の存亡がかかる一大危機には、組織外の専門知を取り込み「絶対権力」の意に従順な「改革」をはたす。しかし、実際の組織運用には、絶対権力から再び「牙」をむけられることのない手法を工夫し影響力を高めていく。こうした巧みな行政技術─官僚の専門知は、なお「健在」だったといわねばなるまい。

2　戦後経済復興と専門知

経済安定本部と新たな専門知

公務員制度の構築も新たな教育制度の形成も、GHQの招聘した専門家の報告を基本としている。文部省は組織の廃止を避けるために外部の専門家を高官に招き入れた。だが、法制官僚の培ってきた行政技術は、依然として影響力を保ち続けた。

これにたいして徹底的に破壊された経済の再生は、日本の官僚制に「新風」を吹き込んだ。商工省は経済再建のために企画室を設けた。商工省は戦前・戦中期の統制経済の経験をふまえて、統制色の強い経済再生を指向した。ここには大内兵衛《ひょうえ》、有沢廣巳《ひろみ》、東畑《とうはた》精一、中山伊知郎、大来佐武郎《おおきたさぶろう》、稲葉秀三《ひでぞう》といった経済学者・エコノミストが招聘された。かれらを中心に『日本経済再建の基本問題』が著される。

戦後の民主化の渦中とはいえ、つい先年の天皇制のもとでの官僚機構では、およそ想定できない人事である。かれらはそれぞれ戦後日本社会において経済学者、エコノミスト、あるいは新聞人として大きな足跡を残すとともに、審議会委員として政策決定過程に多大な影響力を発揮した。とはいえ、たとえば大内兵衛についていえば、かれは（労農派）マルクス主義経済学者（財政学）であり、戦前期体制下では監視の対象であっても、政府が知恵を借りる存在ではない。こうした商工省企画室に集まった経済学者らの人脈は、経済復興のための「司令塔」として一九四六年八月一二日に勅令で設置された経済安定本部に引き継がれていった。

第一次吉田茂内閣のもとで発足した経済安定本部は、目まぐるしい根拠法令の改変によって内部組織は変化するが、さきに述べた国家行政組織法の制定・施行にともない定められた経済安定本部設置法（一九四九年六月一日施行）にもとづく組織はつぎのようであった。総裁は首相が兼務し、実務の最高責任者として国務大臣である総務長官がおかれた。内部部局として官房、生産局、動力局、生活物資局、財政金融局、貿易局、建設交通局が設置されるとともに、付属機関として経済復興計画審議会、資源調査会、経済再建整備審議会、通貨発行審議会などがおかれた。さらに外局として物価庁（のちに本部の内部部局である物価局）、経済調査庁、外資委員会が設けられた。また、札幌、仙台、東京、名古屋、大阪、広島、高松、福岡に地方経済安定局がおかれた。

連合国による占領下でありGHQの多様な統制・指示を免れないとはいえ、経済安定本部は大規模官庁であり、戦前期統制経済の戦後版といえる物資やエネルギーの生産統制、財政や金融の政策立案と実施、さらに河川総合開発にみる公共事業にまで影響力を発揮した。経済安定本部の戦後復興に果たした役割については、すでに多くの論考が存在する。むしろ、本書の文脈で注目したいのは、経済安定本部官僚として勤務した人物である。

主だった人物をあげておこう。大来佐武郎、大川一司《かずし》、下村治、永野重雄、正木千冬《ちふゆ》、美濃部亮吉、宮崎勇、森永貞一郎《ていいちろう》などだが、のちに首相となる大平正芳、社会党委員長となる勝間田清一《せいいち》なども官僚として勤務した。大平は大蔵官僚から経済安定本部にうつり公共事業課長を務めた。ともあれ、全体としていえば、リベラルな経済官僚が中心だったといえよう。それゆえ、一九五二年の経済安定本部廃止後は大学、企業などに勤務し、幹部となった者も多い。

経済企画庁と官庁エコノミスト

経済安定本部解散後の後継組織である経済審議庁・経済企画庁を通じていえることは、大来佐武郎、下村治、宮崎勇に代表される一群の官庁エコノミストが輩出されたことである。すでに経済安定本部時代の一九四七年七月に『経済実相報告書』なる「経済白書」が刊行されているが、これは宮崎勇をリーダーとする官庁エコノミストによって毎年度執筆され発行されていくことになる。

官僚制における専門知として行政技術に長けた法制官僚が、戦後日本においても主流を占めていたのはいうまでもない。だが、この戦前期から続く官僚制には、新たに経済官僚（官庁エコノミスト）がくわわることになった。しかも、かれらの多くはさきに「リベラル」と記したが、国家主導の経済再建という重要政治課題に応えようとするケインジアンであり、さらにいうならば戦前期統制経済の「現代版」を追求する官僚群であった。資本主義経済のもとの計画行政やＴＶＡ（テネシー渓谷開発公社）に範をとった河川を基軸とした総合開発計画の立案と実施を追求したのである。

一九六〇年代の驚異的経済成長を促した池田勇人政権による国民所得倍増計画は、大来佐武郎を中心とする官庁エコノミストの手による。福島県の只見《ただみ》川の上流に数次の大規模ダムを建設し、その電力で東京大都市圏の工業・都市開発を図った只見特定地域総合開発計画は、その代表例である。

このようにみると、戦後日本の官僚制は、その組織内に新たな専門知を取り込み、経済・社会開発の政策・事業を構想していった。それだけ官僚制の専門知は、層を厚くしていったのであり、各省割拠体制が次第に強まっていったが、各省は政権の掲げる国民所得倍増計画や地域開発を「金科玉条」として、それぞれの所管領域における法と行政体制を整備し権限の拡張を指向していったのである。

2章　囲い込まれる専門知——第二臨調・国鉄解体・自民一党優位の政治戦略

1　政治と行政による専門知の囲い込み

自民党一党優位体制の形成

アジア・太平洋戦争の敗北後の政党政治は、一九五〇年六月の朝鮮戦争の勃発、それに象徴される米ソ冷戦、そのなかでのサンフランシスコ講和条約のあり方などの国際情勢の激動を反映して混迷をきわめた。政党政治というよりはむしろ政党体制が安定にむけて動き出したのは、一九五五年一〇月のサンフランシスコ講和条約をめぐって分裂していた左派社会党と右派社会党の統一、それに刺激されるかのように一一月の保守政党の合同による自由民主党の結成を機としている。一般に「一九五五年体制」のスタートともいわれたが、小党分立体制が二つの政党を基軸とする体制へと変化した。だが、政党政治がそれなりの安定をみるのは、日米安全保障条約の改定をめぐる大規模な政治的対立が終息した一九六〇年代に入ってである。

イタリアの政治学者であるジョヴァンニ・サルトーリは、『政党制』において政党制の類型を提示したが、日本の政党制を「一党優位政党制」とのカテゴリーで説明を試みた。政党の結成や活動は憲法によって保障されているが、ひとつの優位政党が政治を支配し、他の政党は分散的状況にある政党制である。こうした状況が色濃くなったのは、一九六〇年代中盤からといってよいだろう。

一九六〇年代には六〇年安保闘争の総括をめぐって社会党が分裂し民社党（民主社会党）が誕生、宗教団体である創価学会を母体とする公明党の国政進出がつづき、社会党・共産党にくわえて野党の多党化が進行した。だが自民党には政権政党であるがゆえに、社会の多様な利害が流れ込み「包括政党」さらには「超包括政党」として一党優位状況をきわめていった。こうした状況が今日もあてはまるかについては、議論が残るだろうが、少なくとも、日本の政党制は一九九〇年代初頭まで自民党なる優位政党を軸に推移した。

とはいえ、自民党一党優位体制のもとで政権党というよりは政権が政策の作成と実施を主導したとはいえない。もちろん、沖縄返還、日中国交回復といった高次の政策決定を主導したのは歴史的事実だが、とりわけ国内政策の多くの局面において官僚制に政策の立案・作成そして実施をゆだねるものだった。さきにも触れたように、一党優位政党制のもとでは個別利益がその実現をもとめて政権党に流れ込む。個別利益の代理人である族議員集団が多数叢生《そうせい》した。かれらは関連する中央省庁の「応援団」として行動し、背後の利益に便宜を供与しつつ、票と政治資金をえる。自民党は政党政治の全体状況からいえば「一党優位」だが、党内的には「分散的」であったとさえいえる。

官僚制に「仕切られた市場」の形成

こうした一党優位という政党政治の安定のもとで各省官僚機構は政策・事業の立案から実施を担ったが、その際の特徴としていいうるのは、「官僚制によって仕切られた市場」の形成であった。これは主要な（基幹的な）産業分野におしなべてみることができる。官僚機構は産業分野ごとに業法の制定を政治にもとめた。典型は石油業法、建設業法などだが、銀行法や証券取引法も「公正な金融市場」をかかげながらも実質は業法だった。「市場」への参入規制から価格、生産量、さらには企業の役員人事にまで官僚機構の規制はおよんだ。

とはいえ、囲い込まれた業界に「不満」があったわけではない。そもそも、規制の内容は業界団体との協議をもとにした共同統治ルールである。また「官僚制に仕切られた市場」内で同業他社を圧倒して寡占状態を築くことはできなくとも、いったん何らかの経営危機に陥るならば、所管庁から財政・金融の支援をうけることができた。この意味で「官僚制に仕切られた市場」は、業界にとって官僚統制に従う場ではなく、利害共同体であり、「安住の地」でもあった。

こうした経済成長を至上の目的とする政策・事業の展開は、官僚機構の蓄積してきた行政技術に負うところが大きい。城山三郎が『官僚たちの夏』で描いたように、産業政策をめぐって官僚間の意見は相違した。民族派・国際派の「対立」が省内に生まれた。政策目標の「対立」はあったもののその実現手段としての行政技術は、官僚組織が培ってきたものであり、外部の専門知に大きく依存するものではなかった。もちろん、これはのちに論じるが、原子力開発といった「未知の分野」にはあてはまらない。

審議会の濫設と専門知の囲い込み

ただし、官僚機構は卓越した行政技術を有しながらも、それを補完ないし社会的に優れた政策・事業との合意を調達するために、外延部に審議会等を濫設した。審議会の機能は多様であるが、とりわけ各省が所管する政策・事業に関する審議会には、各省の顧客集団（利益集団）の代表や関連分野の専門家が名を連ねた。審議会等には、「答申の尊重」がいわれながらも、「官僚制の隠れ蓑《みの》」との批判が浴びせられた。それは自民一党優位の政党間対立を反映するものでもあった。ほとんどの審議会の事務局は所管の官僚組織であり、答申原案は官僚機構によってつくられ、審議会委員がかかわっているわけではない。

ある官僚OBは、「行政は常に落としどころを考えて行動する」と語った。審議会の評価について関連づけていうと、答申原案は外部の先生方の意を汲《く》んで実際の目標より高めのものとする。答申はいずれにしても政治などの意見・批判をうける。結局、行政が想定していたレベルに着地する。おおむねこのように述べる。このような官僚機構の目標実現の戦術からするならば、審議会の「答申を尊重すべき」といった議論と、審議会は「官僚制の隠れ蓑」といった議論は、メダルの両面でありじつは一体ということになる。こうした論理のもとで、各省さらに各局にそれぞれ専門知が「囲われ」ていった。ただし、各省・各局の組織利益を追求する官僚機構と専門知との関係には、のちにみるような政権の政治的価値観が色濃く反映するものではなかった。逆にいうと、良かれ悪しかれ官僚機構の「モラール」(士気)は高く、政権党政治家は個別利益の「伝達者」であっても、政策形成を主導する意思も能力も欠いていたのだ。

「土建国家ニッポン」と技術官僚

ところで、1章の冒頭で明治政府が技術官僚の養成を図ったことを述べた。しかし、かれらが戦前期体制のもとで優遇されなかったことにも触れた。戦後民主化によって技術官僚もまた、一般職公務員として国家公務員採用試験の対象とされた。ただし、公務員試験における技術系職員の職分類はきわめて細かく、スペシャリストとしての採用を本質としていたから、入省後の所属先も限定された。全体的な法制官僚優位の構造にくわえて、こうした採用システムの結果、官僚組織におけるキャリアパスからみれば、技術官僚の地位は戦前期と同様にけっして高くなかった。

最大の公共事業官庁である旧建設省(現・国土交通省)では、官僚の最高位である事務次官には、事務官である法制官僚と技術官僚が交互に就任する慣行がつくられた。ただし、事務官のばあいは二年、技術官僚のばあいは一年が在任の慣行とされた。農林水産省、旧厚生省には、多数の技術官僚をかかえながらもこうした慣行は存在しなかった。各省に特徴的であったのは、事務官と技術官僚がポストを棲み分けたことである。言い換えると技術官僚が専有するポストが明文規定はないが定められていたことだ。

旧建設省の道路局長・河川局長は、キャリア組技術官僚（国家公務員採用試験の上級職試験、I種試験合格・採用者）の「指定席」だった（ただし、局次長は事務官）。そして、省内における昇進・異動などの人事は、事務官とは別ルートで管理された。キャリア組の事務官の人事は大臣官房人事課によって差配された。だが、旧建設省のばあい、キャリア組技術官僚の人事を実質的に差配していたのは、技官の最高ポストである建設技監であり、それを補佐している大臣官房の技術総括審議官（局次長級）であった。もっとも、かれらも道路局・河川局総務課の技官筆頭課長補佐の上げてくる人事リストを基本としていた。こうしてまとめられた人事リストは大臣官房人事課に送られ、官房長・事務次官・大臣へとあげられ最終的決裁を受けたのである。

農水省も公共事業を主たる事業としており、農業土木をはじめとして多くの技術官僚を擁した。だが、建設省以上に技官のキャリアパスは恵まれていなかった。さきにも述べたが、技術官僚が事務次官に就任することはない。最高ポストは大臣官房の技術総括審議官である。人事の慣行はほぼ建設省と同様に「別ルート」だった。

一九六〇年代から七〇年代の自民党支配の特徴を「土建国家ニッポン」と評したのは、朝日新聞編集委員の石川真澄だった。公共事業の中心は道路・河川の整備だった。当時の建設省の道路審議会、河川審議会は、道路、河川の整備計画をはじめとして個別の大規模プロジェクトのあり方を主たるアジェンダ（議題）とした。この限りで官僚機構と審議会の関係は経済官庁と変わらないともいえるが、公共事業における官僚機構と専門知については、この分野ならではの「独特」な特徴をみておかねばならないだろう。

技術官僚とアカデミック・コミュニティ

一般に、法制官僚の介入の難しい「技官の王国」が語られる。たしかに技術官僚はそれぞれの事業分野におけるエキスパートであり、事業の前提である調査から基本設計、実施設計、さらに工事発注の仕様書にいたるまで基礎的な専門能力をもっている。しかし、そのような専門知は技術官僚に専有されているのではない。かれらはそれぞれの行政分野に関係するアカデミック・コミュニティと日常的に緊密な関係を維持している。

技術官僚たちが入省前に受けた大学・大学院での教育は、四、五年間にわたって「同じ釜のめしを食う」といった研究室での共同生活を中心としている。こうした同窓系列のなかで一部は技術官僚となり、一部は大学などの研究職につき、また一部は関連企業に就職していく。しかも、社会に巣立った後も相互の関係は絶たれるわけではない。したがって、技術官僚から母校ないし関連校の教授職に就くことも珍しいことではない。

付言すれば、法律職や経済職で役人となった法制官僚のばあい、大学で演習を同じくしたといっても、せいぜい一、二年の間、週に一回九〇分から一〇〇分程度席を同じくするだけだ。かれらの専門知（法令の作成や実施）は職務を通じて培われていく。そもそも大学法学部を卒業したからといって、法律のつくり方など教育されていない。教員にもその専門知識はない。

公共事業官庁では審議会等における外部の専門知と官僚は、さきに述べたようにもともと近しい関係にある。そしてフォーマル、インフォーマルな会議（会合）を通じて、相互に情報の交換がおこなわれ政策・事業のフレームが形づくられていく。旧建設省や農水省は所掌する予算規模が大きいだけに、こうした特徴が顕著だが、厚生省（現・厚生労働省）の医系技官（とりわけ公衆衛生分野）においても同様である。大学の若手研究者が医系技官として入省することもあれば、逆に医系技官が母校ないし系列校の教授職や関連の研究所の研究者に就くケースも多い。

このように技術官僚とアカデミック・コミュニティの関係はきわめて緊密であり、当然のように、技術官僚と審議会等の専門家との同質性が高い。「審議会＝隠れ蓑」論が意味するような官僚機構による有識者の操作（利用）というよりはむしろ、両者の関係性は「共同体」といった方が適切であろう。しかも、この公共事業官庁とアカデミック・コミュニティには、「巨大技術」指向が強い。有明海の諫早湾大規模干拓事業は、一九八九年に着工され二〇〇七年に完工とされているが、潮受堤防の水門開閉をめぐって今日なお農業者と漁民による地域紛争の渦中にある。大規模公共事業は政治のささえがあったものの、専門知のなせる業であった。

九〇年代末から公共事業への疑問が社会的に噴出した。「失われた一〇年」といわれた長引く経済不況の打開策として小渕恵三政権は巨額の公共事業予算を計上した。だが、あらためて公共事業が地域の経済発展に寄与するものでないことが印象づけられた。それは二〇〇九年の民主党政権成立の大きな要因となる。ダムや河川整備については多くの疑問が提示されるようになった。

だが、それ以前の段階においては、たとえば、河川整備の基本前提とされる基本高水流量の設定をめぐって河川審議会の専門家委員のあいだに官僚側への異論があったわけではない。河川工学者のあいだで論争が展開されるようになるのは、二一世紀に差し掛かる頃からである。二〇〇〇年の田中康夫・長野県知事の登場、二〇〇一年に成立した小泉純一郎政権による公共事業関係費の削減、さらに二〇〇九年から一二年にかけての民主党政権による公共事業の圧縮によって公共事業は縮小した。専門知の側もかつてのような一体性を保っていない。技術官僚ＯＢのあいだからも河川整備のあり方に疑問が提示されるようになった。とはいえ、公共事業における官僚機構と専門知の関係は、大きく変化したとはいえないだろう。むしろ官僚機構と緊密な連携を指向する専門知の登場を促しているといえよう。それは東日本大震災からの復旧・復興事業、国土強靱化基本計画にもとづく大規模事業の展開にみることができよう。

専門知のリーダーシップと事務局の所在

戦後復興期から高度経済成長期において自民党は一党優位体制をつくりあげていったが、政策・事業の形成過程を主導したわけではない。「政治は三流・官僚は一流」といわれ、「われらは住人・大臣は旅人」との官僚の呟《つぶや》きが聞えたが、政策・事業の立案から実施にいたるまで、官僚機構が主導権を握っていたことは否定し難いであろう。政権・政権党は、アメリカの軍事的傘のもとで他国との協調よりはむしろ一国主義的な経済発展を指向したが、極度にイデオロギーを振りかざすことはなかった。政策・事業の形成において主眼とされたのは、背後の個別利益の実現であった。

官僚機構は「行政の中立性」をタテマエとして、所管する分野における政策課題の実現に努めた。もちろん、かれらが追求した政策課題の実現は、政党政治の舞台では多くの論争を生みだしたが、それも先鋭な価値観の対立＝社会の分極化を導くものではなかった。官僚機構と専門知の関係は「温和」的であり、審議会等に参加した専門知も自身の識見を披露するのにとどまり、積極的に政策の方向性を決定づけるような行動をとらなかった。そうした状況は、客観的にみれば、専門知のもつ「権威」を用いた「審議会＝官僚の隠れ蓑」という評価となったといえよう。

とはいえ、審議会を官僚機構による体の良い専門知の「利用」としてのみ描くことは、かならずしも適切ではないであろう。専門知の「建議」が尊重され、官僚機構がそれを具体的な政策として作成することも少なくなかった。

このことをよく物語るのは、大内兵衛や隅谷《すみや》三喜男などを会長とした社会保障制度審議会であろう。大内はさきに触れたように労農派マルクス主義に立つ財政学者である。隅谷は労働経済を専門とする東京大学教授だったが、世界平和アピール七人委員会のメンバーとしても活動したリベラルな学者だった。社会保障制度審議会には、審議会等には稀な独自の事務局が設けられていた。日本が戦後復興をとげた以降の重要なナショナルゴールが高度の経済成長であったことは事実だが、同時にヨーロッパ諸国を席巻していた「福祉国家」の後追いでもあった。けれども官僚機構には、許認可権限を行使して産業界をコントロールする「知恵」はあっても、「福祉国家」の政策構想は手に余るものだった。それだけに官僚機構の舞台回しが効かず大内や隅谷といった時代を代表する専門知のリーダーシップが機能したといえよう。

ただし、今日のような国家主義と新自由主義を振り回す政権・政治のもとでは、そもそもこうした専門知が登用されることはない。ある意味で、保守政治の「度量」は大きかったともいえよう。

2　政治・行政と専門知の「融合」

中曽根政権の「政治的コンセンサス」の否定

さて、こうした政治・行政と専門知の関係が「劇的」な変化をみせるのは、一九八〇年代の中曽根康弘政権においてである。諮問機関などにおける専門知利用の政治化と専門知の政治化がパラレルに進行した。

一九八二年一一月、鈴木善幸首相の退任を受けて自民党総裁・首相に就任したのは、中曽根康弘だった。中曽根は、ロッキード事件の刑事被告人であったが政界に隠然たる影響力をもつ田中角栄にささえられて首相の座に就いた。「田中曽根」内閣と揶揄《やゆ》されたが、中曽根の政治運営は、田中角栄とは異なり国家主義的かつ新自由主義的色彩の濃いものであった。それは当時「サッチャー・レーガン・中曽根」ともいわれたように、世界的な政治・経済潮流に敏感に反応するものであった。

中曽根は一九八一年に鈴木政権が設けた第二次臨時行政調査会（第二臨調）を行政管理庁（その後の総務庁・総務省）長官として実質的に切り盛りし、第二臨調の終盤はさきのように首相であった。中曽根政治と専門知との関係をみるとき、ひとつにはこの第二臨調人脈をみないわけにはいかない。それは国鉄の解体＝分割民営化に象徴される新自由主義路線をささえた。だが、それをみる前に国家主義と専門知との関係から述べることにしよう。

鮮明な国家主義

首相就任直後の「日本列島不沈空母」発言（アメリカの対ソ戦略構想に日本を組み込む方針）は大きな衝撃を社会に与えたが、中曽根が多用した「戦後政治の総決算」は、軍事費の増額ばかりか戦後政治のもとで一定の社会的合意をえてきた事象に「風穴」を開けることだった。これをもっともよくしめすのは、平和問題研究会、靖国神社懇談会の発足であろう。前者は防衛費のGNP一パーセント枠の撤廃を目的としたものであり、後者は靖国神社への首相および閣僚の公式参拝の実現を目的としたものである。一見すると無関係のようにみえるが、思想的（というよりはイデオロギー的）水脈を同じくする。靖国神社はたんにアジア・太平洋戦争の戦没者を祀《まつ》っているのではない。戦前期には兵士として徴兵・出征し戦没したならば靖国神社に祀られる、とのイデオロギーによって多数の国民が戦場に駆り立てられていった。そればかりではない。靖国神社は戦争責任を問われ処刑された東条英機らのA級戦犯を合祀《ごうし》した。こうした歴史と神社の政治的性格を考えるならば、首相や閣僚が公式参拝することは、アジア・太平洋戦争の正当化に通じる。少なくとも現行憲法体制のもとにおいて中曽根以前の歴代政権は、公式参拝をおこなわなかった。

したがって、こうした戦後日本の政治的コンセンサスを否定するならば、それは軍事力の強化＝軍事費の増強を導くことができる。これは中曽根首相のみならず戦後政治のもとで「自主防衛」「憲法改正」を追求し続ける右派勢力・国家主義的政治家たちの「悲願」だったのだ。

専門知の政治化

中曽根政権が設けた平和問題研究会、靖国神社懇談会は、首相の諮問を受けて審議したが、これらは国家行政組織法第八条を基本的根拠とする公的諮問機関ではない。およそこうした高度に政治的性格をもつ諮問機関を法律ないし政令を定めて設置することは、不可能ではないだろうが政治的

中曽根康弘首相に平和問題研究会の最終報告書を手渡す高坂正堯座長（右）＝1984年

コストがきわめて大きい。政権は「私的諮問機関」との言葉を多用したが、設置の機動性を高めるために政権の裁量で要綱などを定め、それを根拠とした。「私的諮問機関」とは市民を惑わす名称だが、首相の「私的」な勉強会ではない。実態は公的諮問機関にもまして政権の意に応える諮問機関であり、政権もまたこれら諮問機関の報告にもとづいて行動した。

私的諮問機関は政権（政治）による政権に親和的な専門知の動員だったといえよう。平和問題研究会も靖国神社懇談会もその中心には、政権と価値観を同じくする専門知が座った。

靖国神社懇談会でいえば、江藤淳、田《た》上《がみ》穣治《じょうじ》、曽野綾子、林修三などである。ただし、政権が「巧妙」であったのは、政権と多分に思想的立場を異にする専門知をくわえたことである。靖国神社懇談会には、憲法学者の芦部信喜（学習院大学教授）や佐藤功（上智大学教授）がメンバーとなっている。かれらは残した著作からいって首相・閣僚の靖国神社公式参拝など認める学者ではない。政権からすれば「幅広く意見を聴いた」と演出するためであったろう。芦部や佐藤からすれば、戦後政治の「岐路」

との認識のもとに「一言いわねばならない」との学問的良心が懇談会への参加を促したのかもしれない。ただし、中曽根首相の政治的・思想的性格は明らかであったのであり、政治権力にたいする専門知のスタンスの取り方の難しさを教えていよう。これは今日に通じる課題でもある。

情報公開法も公文書管理法もない時代である。議論がどのように推移したのか、全貌は今日なお明らかでない。ただし二〇一九年、信濃毎日新聞は情報公開法をもちいて、靖国神社懇談会の議事録等の開示を請求した。一部は開示されたものの、とりわけ後半部分の会議録は存在しないとされた。おそらく異論は提示されたのであろうが、政治権力のもつ政治的正統性が強調されることによって政権の意のままに結論が導かれていったと考えられよう。

実際、中曽根政権は平和問題研究会の最終報告をもとに、防衛費のGNP一パーセント枠を撤廃し、靖国神社への首相の公式参拝を実施した。もっとも、中曽根は「風見鶏」の異名にふさわしく、公式参拝はしたものの中国などからの猛烈な批判を前にして初回の一回だけで終えている。ともあれ、中曽根政権の私的諮問機関による政治的意思決定は、専門知の政治化を促す契機となったといえよう。

第二臨調という大規模諮問機関

一九八一年三月、鈴木善幸政権は、「増税なき財政再建」をかかげて臨時行政調査会を設置した。これが一般に第二臨調とよばれるのは——本書もこの呼称を用いる——一九六二年から六四年にかけて池田勇人政権によって同一名称の臨時行政調査会が設けられているからである。

鈴木政権は前任である大平正芳政権による一般消費税の導入挫折をうけて財政危機の打開のためとして、土光敏夫（経団連名誉会長）を会長とする第二臨調を設けた。中曽根康弘は第二臨調設置時に行政管理庁長官だったことはすでに述べた。第二臨調の事務局は大蔵官僚をはじめとして各省の官僚から構成されたが、実質的に事務局を取り仕切ったのは、行政管理庁だった。しかも、中曽根はさきに述べたように一九八二年一一月に首相に就任し、八七年一一月までの五年にわたる長期政権を築いたから、第二臨調の存続期間はもとよりその後の「行財政改革」に大きな影響力を発揮した。

第二臨調は、土光敏夫を会長として九名の委員からなる本委員会のもとに、専門委員、顧問、参与からなる大規模な諮問機関だった。また本委員会のもとに四つの部会が設けられた。それは経済人、研究者、文化人などを大規模に組織化するものだった。八一年七月の「第一次緊急答申」は、八二年度予算の編成にむけた歳出削減のための答申であり、明らかに大蔵省の素案をオーソライズするものだった。だが、八二年七月の「基本答申」、八三年三月の「最終答申」は、既存の行財政制度と運用実態に切り込むものであり、「戦後政治の総決算」とまではいわないものの、行財政システムに新たな次元を切り開いたといえよう。なかでも、「民間活力」の重視＝新自由主義に立脚する政権のイデオロギーが最もよくあらわれたのは、三公社（国鉄、電電、専売）の民営化、なかでも国鉄の解体＝民営化だったといってよい。

国鉄解体――政権の政治戦略と専門知

国鉄が巨額の債務を抱えていたことは事実だが、その根本的理由は国鉄経営陣の放漫経営にあったわけではない。「我田引鉄」の言葉が残るように、採算性を無視した政治による地方線の建設にくわえて、戦後の海外からの引揚者の雇用など、その政治的かつ社会経済的理由は多様である。公営企業としての鉄道をいかにささえるかは、今日なお大きな課題だが、当時の国鉄をめぐるマスコミ報道の主流は、労働組合間の対立、職員の勤務態度や怠慢などを大きく報道し、国鉄赤字の元凶が無秩序な労使環境にあることをキャンペーンするものだった。

ともあれ、第二臨調は国鉄問題をテーマとする第四部会（部会長・加藤寛）を設けた。議論を主導したのは、部会長の経済学者・加藤寛や評論家の屋山《ややま》太郎だった。八二年の「基本答申」において「五年以内の国鉄民営化」を明記した。そして、中曽根政権は発足直後の八二年一一月にこの答申を具体化するために国鉄再建監理委員会の設置のほか国鉄の経営する事業の効率化などに関する法体制や施策を整備するために、国鉄再建臨時措置法案を国会に提出した。同法案は八三年五月に成立し、同年六月一〇日に国鉄再建監理委員会が発足した。

委員長は第二臨調第三部会長であった亀井正夫であり、委員には加藤寛、住田正二、隅谷三喜男などが任命された。国鉄の解体＝民営化に専門知がどれほど寄与したかは評価が難しい。国鉄の最高幹部（総裁）レベルにおいても民営化の方向性をめぐり意見が割れた。最大の労働組合である国鉄労働組合（国労）の内部も一枚岩ではなかったし、他の複数の労働組合との関係も複雑そのものだった。まさにドロドロの国鉄民営化の政治過程だった。

むしろ注目しておきたいのは、加藤寛をはじめとした経済学者が新自由主義の観点から急速に台頭し、中曽根政権のブレーンとなっていったことである。国鉄再建監理委員会委員長の亀井正夫が筆者に語ったところによれば、公的な委員会会合とは別に、「裏委員会」ともいうべき非公式の委員会を重ねたという。そこには学者のみならず国鉄の中堅管理職、評論家などがくわわり、国鉄の解体＝分割・民営化の方向を議論し、本委員会を主導したという。たしかに、利害がまさに輻輳《ふくそう》する国鉄の民営化なる重要政治課題の解決は容易ではない。その意味で表に出ない舞台が設《しつら》えられたのであろう。ただし、専門知が政権の政治戦略に積極的に寄与するようになる大きな契機であったといってよい。

実際、中曽根政権は国鉄解体が成功し、衆参両院の同日選挙で大勝した一九八六年に「一九八六年体制のスタート」を高らかに謳《うた》いあげたが、あたかもそれに呼応するかのように、佐藤誠三郎、猪口《いのぐち》孝などを中心として「新しい日本政治学」が提唱された。それは政治・政策決定が官僚機構から政権・政権党に移行しているとしただけでなく、その体制を「称賛」するものだった。政治権力との緊張関係を常に意識し、政治の動態を批判的に追究してきた政治学に「冷水」を浴びせるようなものだった。しかも経済学分野では、国際的にケインズ経済学への批判が、マネタリスト、サプライサイドの経済学といった形で台頭しており、政権の新自由主義路線をささえていた。こうして政治権力と専門知の関係という観点に立つとき、「権力に取扱注意の赤紙を貼る」（丸山真男）という思考を欠いたアカデミック・コミュニティが形成されることになった。

各省に波及した私的諮問機関

政権中枢が自らの政治的意思を実現するために試みた私的諮問機関だが、官僚機構が傍目《はため》にしているだけでなく模倣するのは、ある意味で当然であろう。法・行政手続きの面倒さを回避し機動的に設置・運営ができ、しかも「民意」を聞いたと主張できる私的諮問機関は、官僚機構にとって便利で都合のよい装置である。

『審議会総覧』は国家行政組織法第八条を基本的根拠とする公的諮問機関のカタログだが、私的諮問機関についてのカタログは、まったく刊行されていない。研究会（研究委員会）、懇談会といった多様な名称がつけられているが、それらは中央省庁の局長レベルに設けられたものである。辻中豊「社会変容と政策過程の対応――私的諮問機関政治の展開」（『北九州大学法政論集』第一三巻第一号、一九八五年）は、こうした状況を分析した画期的な研究だった。辻中は新聞記事を手掛かりとして一九八四年一月一日から八五年三月三一日までの一五か月間に、私的諮問機関は二三三機関を数えており、そのうちの八六機関は同期間に新設されたものであり、六六機関が報告ないし提言をまとめている、とした。

辻中論文によると、ほぼすべての省庁が局長レベルに私的諮問機関を設けているが、とくに目立つのは、通産・郵政・建設・国土・科学技術であり、研究テーマは「ハイテク・情報化・ソフト化」などであり、当時の経済社会システムの変化を受けたものである。視点を変えると、重厚長大型産業を前提として許認可や補助金行政で政策展開してきた官僚機構だが、時代の変化に対応しうる知的資源が枯渇してきたのだ。省庁は巨大利益集団の縛りの強い従来の審議会等とは別に機動性の高い私的諮問機関を設け、その専門知によって新たな政策官庁への脱皮を意図したといえるだろう。ただし、これは専門知の知的関心をくすぐる。これは現在でも同様だが、「スーパーシティ」「スマートシティ」といったITを全面的に活用した構想が打ち出されると、多くの専門知がその具体化にくわわっていく。とはいえ、そのような構想のはらむ危険性などはどこかに押しやられる。こうした専門知の行動については、次章以降でまた論じるが、官僚機構の側からみれば、新たな専門知の囲い込みであり、行政権力・政治権力に都合のよい政策資源の増殖なのである。

公益法人の「濫設」による専門知の囲い込み

このような官僚機構による私的諮問機関の「濫設」にくわえて、もうひとつこの時代に顕著となったのは、官僚機構による公益法人の「濫設」である。理由の一つは、第二臨調が「民間活力」の名のもとに検査・検定などの許認可業務の民間委託を強調したことだった。これを受けて各省は自ら主導して財団法人、社団法人の形態をとる公益法人を設立し、そこへの業務委託を進めた。官僚機構の小賢しい知恵といえばそれまでだが、「民間活力」「民間委託」の内実をよく表していよう。

ところが、公益法人の「濫設」は、このような業務委託の「受け皿」にとどまらなかった。各省ともに不確実な時代における政策構想力を高めるとして、研究センター、研究所といった名称の公益法人をつぎつぎと設置していった。外部に向けては「シンクタンク」と称した。だが、シンクタンクといえるような専任の研究スタッフを抱えたわけではない。「研究員」なる職名の職員もいるが、その多くは大学院修了程度の若者であり、研究プロジェクトの「助手」だった。管理部門は所管庁からの出向ないし退職官僚によって構成された。この意味では官庁自ら「天下り先」を設立したといえる。

これらの公益法人は、所管庁からの研究委託費をうけて研究会・研究委員会を組織し、関連する分野の専門知を招き入れた。政策過程の全体像からいうと、各省が構想する政策・事業の基礎的な調査あるいは概念化が主たる役割であった。そして実現性があると判断されたものについて私的諮問機関さらに審議会等のアジェンダとされた。この過程において基礎研究段階のコアである専門知が、次の段階のコア・メンバーとなっていった。

他省の使う専門知は使わない、といったセクショナリズムが公益法人の研究会にも貫徹していたから、公益法人の「濫設」は、各省による専門知の「発掘」と「囲い込み」を昂進《こうしん》させたといってよい。これもまた、官僚機構からみれば、激動する時代に対応しうる専門知の充足となるのだろうが、政策・事業の社会的公正さを保障するシステムか否かはもとより、専門知の社会的意義に問題を投げかけるものでもあろう。

小括

これまで、政治と行政が専門知をいかに調達してきたのかを概括してきた。アジア・太平洋戦争の敗戦後を振り返ってみるだけでも、官僚機構は政策の専門的な知的資源の調達に試行を重ねたといえよう。明治近代化が定礎《ていそ》した法制官僚優位の官僚組織では、戦後民主改革はもとより経済発展と「福祉国家」化の社会的要請に応えられなかったのである。

そこに官庁エコノミストなる新たな知的資源を組織内に取り込むとともに、外部の専門知に大きく依存する状況も生じた。戦後日本が「福祉国家」であったとはいえないが、社会保障制度審議会をリードした大内兵衛などの左派・リベラル知識人の活動は、官僚制にとってメリットの大きいものであった。官僚機構は自らの専門的知識の限界を認識し、かれらの専門的知識や政治哲学に学ぶことによって、影響力の拡大を図ったといえよう。

もちろん、こうした専門知へのリスペクトの一方において、各省ともに政策・事業に関連する専門知を囲い込んでいった。それらが、法制官僚の伝統的な行政技術を補完したことはいうまでもない。社会的にはまだまだ専門知の「権威」が失われていない時代である。「審議会＝隠れ蓑」がいわれたが、それは有識者の社会的権威を利用することで、政策・事業の正当化を図ろうとする官僚制行動を指し示している。

こうした官僚機構と専門知の関係が可能であったのは、政治・政権の側が官僚機構の政策・事業構想力に依存し、経済発展をもって政治基盤を強化してきたからといえよう。この意味では、政治はまさに官僚機構のクライアント（顧客）でもあった。

だが、経済発展は戦後政治において「少数派」に押しやられていた国家主義者を台頭させた。一見、逆説的にみえるが、「一億総中流」ともいわれ、社会から政治的争点が消え去ったかのような状況であるからこそ、復古主義的な国家主義が装いを新たにして政治の前面にでてきたのだ。それを象徴したのが、中曽根康弘に率いられた長期政権であった。「大統領型首相」を標榜した中曽根は、政治と財政規律の「弛緩」を強調することで、国家主義と新自由主義の政治を指向した。それは当時のサッチャー＝レーガンに代表される政治潮流に平仄《ひょうそく》を合わせるものであった。

こうした政治潮流の台頭は、専門知の政治権力との関係にも多大な影響を与えた。政権のブレーンを語る政治学者を輩出したばかりか、新自由主義に立つ経済学の潮流に与《くみ》する学者も勢いを増した。財界人も敏感に反応し政権の政策決定に影響力を行使した。

このようにみれば、中曽根政治は政治権力と専門知の関係の転機だったといえよう。中曽根長期政権の終焉後、政権の状況は流転する。自民党を軸とする政権から三年余という短期間であったが、民主党政権という本格的政権交代が起きた。また東日本大震災にともなう未曾有の原子力発電所の過酷事故が生じた。この間における専門知の動きについては、のちに触れるが、中曽根政権が試行した政権による専門知の取り込み――逆にいうならば、専門知の政権への「迎合」が、二〇一二年一二月に発足した第二次安倍晋三政権、その後継である菅義偉政権によって常態化するのである。

3　政権による専門知の取り込みと専門知の迎合

政治の装置としての「有識者会議」

二〇一二年一二月に成立した第二次安倍政権が七年九か月余にわたって継続することなど、当初だれも想定できなかったであろう。長期政権となった要因については、すでに多くの論考が存在する。それらについては、折に触れて本章でも触れていこう。ただし、この政権にきわめて特徴的であったのは、国家主義と新自由主義による政治の実現にむけて有識者を中心とした政治の装置をつぎつぎと設けたことである。

ここにいう「有識者」とは、大学ないし研究機関における学問・研究を職業とする専門知にかぎられない。民間の企業人・労働組合リーダーであり、また評論家やコンサルタントを生業とする者までふくまれる。つぎつぎとつくられる「有識者会議」なるものを前にして、「世の中に湧き出るほど有識者なる人間がいるのか」といった声も当然噴出したが、政権がかつての「私的諮問機関」に代えて多用した「有識者会議」の構成者は、学問・研究の専門知にかぎられなかった。もっとも、ひとつの人生哲学をもち、それを磨《みが》きつつ生きてきた職業人は、学問・研究に勤《いそ》しむ専門知よりは社会的問題事象にたいする有識者であろう。だが、ここで「有識者」なる者の定義が問題なのではない。

政権から「有識者会議」へのお誘いを受け、自らも「有識者」と認識し政権の世論動員に与する動きが、安倍政権のもとで一段と顕著となったことだ。もちろん、政権による国家主義そして新自由主義の追求には、社会的にそれをささえる状況が存在する。経済的低迷は社会階層間の亀裂を推し進めたが、それは「公正・平等」な社会の追求にむかわずに、国家主義さらには新自由主義による「強い国家」が当然の方向との感情を生みだしていた。「歪《ゆが》んだ意識構造」といってしまえばそれまでなのだが、「自己責任」の流行にみるように野蛮な資本主義に共鳴し、他方で「強い国家」への思考がつよまった。

安倍晋三なる政治家が国家主義や新自由主義を自らの政治信条として内面に確立していたかははなはだ疑問なのだが、「日本を、取り戻す」だの「美しい国・日本」だのというスローガンに象徴されるように、情緒的で復古主義的なフレーズを喧伝し「日本会議」に代表される右翼集団を政治的支持基盤としていった。当然のように、憲法「改正」＝憲法第九条の否定や道徳教育の正規科目化、特定秘密保護法の制定、共謀罪の新設などの国家主義的改革を推し進めた。また、労働規制の「破壊」に象徴される新自由主義改革が推し進められた。それらは自民党なる政権党内の議論はもとより、国会の審議という政治プロセスを重視するものではなかった。その前段に「有識者会議」なるものが設置され、その結論があたかも「世論」であり、それを踏まえた政権の行動であるかのような状況が作り出された。安倍政権が、すでにみた中曽根政治に学んでいることは否定し難いが、安倍政権による専門知の動員は、かつてない規模で進行した。そうであるからこそ序章でみた学術会議への介入も生まれるのだ。

憲法原理の実質的変更に手を貸す専門知

安倍政権は二〇一三年二月、「安全保障の法的基盤の再構築に関する懇談会」（以下、安保法制懇談会）を、内閣総理大臣決裁にもとづき設置した。委員は**表1**のように有識者一四名であった。第一次安倍政権は二〇〇七年に同名の懇談会を設置したが、安倍の病気を理由とした退任、その後の政権交代を受けて設置根拠が失われた。ここにいう安保法制懇談会は第二次政権の発足とともに、首相「決裁」の形をとって再開したものを指す。座長は柳井俊二（元外務事務次官、国際海洋法裁判所長）であり、座長代理は北岡伸一（国際大学学長）だった。報告書の作成にむけてリーダーシップをとったのは北岡だったといわれる。

安倍晋三は憲法「改正」とりわけ第九条の修正を政権発足前からプロパガンダしていた。とはいえ、憲法「改正」やそれによる憲法第九条の「廃止」など、容易に実現をみるものではない。そうであるならば、憲法第九条の「個別的自衛権」の解釈を変更し「集団的自衛権」の行使可能な法制度を整えるべきだ。それが政権の狙いであったといえよう。

実際、安保法制懇談会の委員をみるならば、元外務事務次官である座長の柳井をはじめ防衛事務

表1　安保法制懇談会(安全保障の法的基盤の再構築に関する懇談会)委員

岩間陽子	政策研究大学院大学教授
岡崎久彦	特定非営利活動法人岡崎研究所所長・理事長
葛西敬之	東海旅客鉄道株式会社代表取締役会長
□北岡伸一	国際大学学長、政策研究大学院大学教授
坂元一哉	大阪大学大学院教授
佐瀬昌盛	防衛大学校名誉教授
佐藤　謙	公益財団法人世界平和研究所理事長 元防衛事務次官
田中明彦	独立行政法人国際協力機構理事長
中西　寛	京都大学大学院教授
西　　修	駒澤大学名誉教授
西元徹也	公益社団法人隊友会会長 元自衛隊統合幕僚会議議長
細谷雄一	慶應義塾大学教授
村瀬信也	上智大学教授
○柳井俊二	国際海洋法裁判所長、元外務事務次官

(注) 肩書きは懇談会発足時。○は座長、□は座長代理

次官OB、自衛隊制服組トップの統合幕僚会議議長OBといったように、日本の外交・防衛政策を担ってきた文官・武官官僚がくわわっているが、集団的自衛権行使の理論づけを担ったのは学者グループだ。かれらはいずれも安保法制懇談会の委員に任命される以前から集団的自衛権についての懐疑論者ではない。むしろ、個別的自衛権のみしか認められないとする内閣法制局の憲法解釈（それはとりもなおさず歴代内閣の公式見解だが）や憲法学界の多数派に疑問を提示してきた。そして「国際協力」や「国際貢献」をはたすためには、ＰＫＯ（国連平和維持活動）への参加は当然として、同盟国との集団的自衛活動にも積極的であるべきだ、とそれぞれの専門分野で発言を重ねてきた。

こうした意見は国際政治学や政治外交史学、憲法学などの学界ではけっして多数派ではなかったが、まさに安倍政権の指向と符合していた。政権がこうした学者を集めたのは、政治的余裕がなかったためなのか、あるいは学界多数派の意見など取るに足らないとする「傲慢」な認識のあらわれなのか、かならずしも定かではない。ともあれ、委員の構成をみるならば、始めから報告書の内容を想定できるような安保法制懇談会であった。

安倍首相は安保法制懇談会に、①我が国の平和と安全を維持し、その存立を全うするために採るべき具体的行動、②あるべき憲法解釈の背景となる考え方、③あるべき憲法解釈の内容、④国内法制の在り方、の四点について検討するようにもとめた。

安保法制懇談会は二〇一四年五月一五日に報告書を安倍首相に提出した。報告書は従来の憲法解釈について、個別的自衛権と集団的自衛権を明確に切り分け個別的自衛権のみが憲法上許容されるという文理解釈上の根拠は何もしめされていない、とする。そのうえで、憲法第九条の規定は「我が国が当事国である国際紛争の解決のために武力による威嚇《いかく》又は武力の行使を行うことを禁止したものと解すべきであり、自衛のための武力の行使は禁じられておらず、また国連PKO等や集団的安全保障措置への参加といった国際法上合法的な活動への憲法上の制約はないと解すべきである」とした。そして、当然のように、報告は「我が国と密接な関係にある外国に対して武力攻撃が行われ、その事態が我が国の安全に重要な影響を及ぼす可能性があるときには、我が国が直接攻撃されていない場合でも、その国の明示の要請又は同意を得て、必要最小限の実力を行使してこの攻撃の排除に参加し、国際の平和及び安全の維持・回復に貢献することができることとすべき」と集団的自衛権の行使を積極的に認めたのである。

安保法制懇の報告書提出を受け、記者会見する安倍晋三首相＝2014年５月

この報告をもとにして安倍政権は安全保障関連法案を国会に提出し成立を図った。「戦争法」だという反対運動が盛り上がり近年みられなかった大規模な大衆運動が展開された。その運動の実際の叙述はおくにして、専門知の観点からいうならば、戦後日本の人文・社会科学の知見や業績を根底から覆すものだったといってよい。「お施主さま」の政治的意図に忠実に設計図を描いたものだ

が、過去の歴史を省みることのない専門知による政治権力への翼賛そのものである。

さらに、問題はそこにとどまらない。報告書は「本懇談会による憲法解釈の整理は、憲法の規定の文理解釈として導き出されるもの」という。だが、特定の政治的価値観にもとづいた「文理解釈」であって、憲法学の長年にわたる研究との整合性が真摯に検証されたとはいえない。少数の有識者集団による「文理解釈」が学問の場を飛び越え、政治のささえによって正当化されるならば、それは「法の支配」を根幹とする民主政治の否定なのだ。この程度のことは、高等教育を受けて学界や官僚の世界で名をなした安保法制懇談会の委員には当然、理解されていよう。しかし、事態は「真逆」だった。安倍政治への批判はもとよりとして、これは過去の事実・事態にたいする真摯な検証を基本としている人文・社会科学の知的営みを、否定するものなのだ。序章で述べのちにまた考えることにするが、菅義偉政権による学術会議会員の任命拒否事件の伏流を、専門知自らが用意したとさえいえよう。

国家主義教育と専門知の静かな同調

国家主義を指向する政治は、いつの時代でも軍事力行使の社会的制約を排除しようとする。同時に、「国家」なる擬制の共同体にたいする人びとの忠誠心を高めようとする。それは何よりも教育——それも基礎教育のレベルから既存の教育を改めようとする動きとなってあらわれる。

安倍政権は第一次政権時代に教育再生会議を設けるとともに教育基本法を改め「愛国心」を教育

の基本に位置づけた。だが、教育再生会議は安保法制懇談会と同様に首相の辞任によって消滅した。二〇一二年一二月に再び政権の座に就いた安倍首相は、翌一三年一月に教育再生実行会議なる有識者会議を発足させた。この会議は安倍政権を引き継いだ菅義偉政権のもとでも存続しているのだが、発足時のような精彩さはまったくみられない。それも当然であって、政権の狙いは道徳教育の正規科目化であり、始めの二回ほどの会議で早々と結論を出してしまった。しかも、いじめ問題との関連で論じるという「姑息《こそく》」な方法をとった。それは道徳教育の正規科目化への社会的批判を意識してのことだろうが、この報告をもとに道徳教育は、二〇一八年度から小学校教育に、二〇一九年度から中学校教育に「特別の教科・道徳」として導入された。その中心は「愛国心」教育そのものである。「我が国固有の優れた伝統と文化」を基軸として公徳心－家族愛－郷土愛－愛国心といった価値観を植え付けようとするものだ（詳しくは拙著『新自由主義にゆがむ公共政策――生活者のための政治とは何か』朝日新聞出版、二〇二〇年を参照されたい）。

教育再生実行会議の構成メンバーは、**表2**にみるとおりである。安保法制懇談会の委員ほど特定の政治的価値を追求する者で占められているようにはみえない。「教育」なるものへの政権なりの配慮なのかもしれない。座長の鎌田薫は早稲田大学総長（当時）であり民法学者である。教育現場を知る立場にあるばかりか、民法学者として戦後民主改革を挟んだ民法典の歴史的変遷の意義を理解した専門家であろう。ただし、復古主義的な言説を展開してきた学識者や評論家が中心に座っていることも事実である。また内閣府に「教育再生」の事務局を設け政権の狙いが着実に伝達される仕組みがつくられた。専門知と政治（政権）の関係として危惧しておかねばならないのは、政権が強調する復古主義的イデオロギーにたいする「感性」が脇に押しやられ、政権に従属してしまう専門知の「脆弱さ」であるといわねばならないであろう。外部の批判を十分に知りつつもイデオロギッシュに行動した安保法制懇談会もさることながら、こうした専門知の政治権力への「静かな同調」は、「学問の自由」や「表現の自由」を萎縮させかねないだけに「不気味」といえよう。

新自由主義の奔走と専門知

新自由主義による政治の潮流は、安倍晋三政権に先立って経済政策や福祉政策に大きな影響力を有してきた。もっとも現代日本に則していうかぎり、民主党政権は、その内実は複雑そのものだったが、それでも新自由主義に抑制的だったとはいえる。それだけに第二次安倍政権は、民主党政権との違いを際立たせるためか、新自由主義にもとづく経済運営を強調した。そしてそのための政策・制度設計を目的として、首相のもとに「働き方改革実現会議」「全世代型社会保障検討会議」「未来投資会議（産業競争力会議）」といった有識者会議を「濫設」した。

なかでも「働き方改革実現会議」は、それ以前から進行している非正規労働者の増加や経済的格差を是正するどころかより一層深刻化させるものだった。「働き方改革」なる言葉に抱くイメージは人それぞれであるにしても、ふつうに考えるならば、過労死や低賃金労働が問題視される状況の「改革」であろう。だれもが共感するような言葉によって支持を得ようとするのは政治の術ではあ

表2　教育再生実行会議委員

秋田喜代美	学習院大学教授*1
漆　紫穂子	品川女子学院理事長
大竹　美喜	アフラック創業者
大橋　　弘	東京大学公共政策大学院院長
蒲島　郁夫	熊本県知事
○鎌田　　薫	前早稲田大学総長
川合　眞紀	自然科学研究機構・分子科学研究所長
北野　宏明	株式会社ソニーコンピューターサイエンス研究所代表取締役社長
工藤　勇一	学校法人堀井学園横浜創英中学・高等学校長
倉田　哲郎	前箕面市長
河野　達信	岩国市立川下小学校長 元全日本教職員連盟委員長
佐々木喜一	成基コミュニティグループ代表
三幣　貞夫	南房総市教育長
鈴木　高弘	NPO 法人老楽塾理事長 元東京都立足立新田高等学校長
髙島宗一郎	福岡市長
武田　美保	スポーツ・教育コメンテーター
□佃　　和夫	三菱重工業株式会社名誉顧問*2
平川　理恵	広島県教育長
向井　千秋	東京理科大学特任副学長
八木　秀次	麗澤大学教授
山内　昌之	東京大学名誉教授、武蔵野大学特任教授
山口　　香	筑波大学体育系教授、東京都教育委員

（注）委員名および肩書きは 2021 年 4 月 1 日現在、＊1 は同年 6 月 15 日現在、＊2 は同年 6 月 30 日現在。○は座長、□は副座長

るが、「有識者」なる人間は、本来、言葉の本質を直視して政策・制度を提言する役割を担わなくてはなるまい。

安倍政権が二〇一六年九月一六日に設けた「働き方改革実現会議」の構成メンバーは、閣僚九人にくわえて**表3**のような一五人の有識者だった。専門知をさきに触れたように大学・研究機関などのアカデミック・コミュニティの人間に限定して考えることは妥当ではない。まさに現実の働きの場における経験知を踏まえて優れた専門的識見をもつ職業人は多い。アカデミック・コミュニティの人間であろうが、経済界をはじめとする各界で生活を重ねてきた人間であろうが、社会の構造的問題を透視し自らの意見を提示することこそ、「有識者」なる人間の責任であるといえよう。もちろん、政権が委員を選任するのにあたって政権の意図に適う人物を重視するのはいうまでもないが、政権によって選任されたからといって、「有識者」の責任を免れるわけではない。

働き方改革実現会議は、設置から半年後の二〇一七年三月二八日に「働き方改革実行計画」をまとめ公表した。「働き方改革」の基本的考え方として、「日本経済の再生を実現するためには、投資やイノベーションの促進を通じた付加価値生産性の向上と、労働参加率の向上を図ることが必要」とした。そして、労働時間や労働条件の規制のあり方にとどまらずに、「病気の治療と仕事の両立」「誰にでもチャンスのある教育環境の整備」「高齢者の就業促進」「外国人材の受け入れ」といった具合に、実に広範囲にわたる改革を提示した。社会的存在である人間の働き方=生き方をアジェンダ（議題）としているのだから、その対象が多岐におよぶのは当然である。だがそれだけに驚かさ

表3　働き方改革実現会議有識者委員

生稲　晃子	女優
岩村　正彦	東京大学大学院教授
大村　功作	全国中小企業団体中央会会長
岡崎　瑞穂	オーザック専務取締役
金丸　恭文	フューチャー代表取締役社長
神津里季生	連合会長
榊原　定征	経団連会長
白河　桃子	相模女子大学客員教授
新屋　和代	りそなホールディングス 人材サービス部長
高橋　　進	日本総合研究所理事長
武田　洋子	三菱総研チーフエコノミスト
田中　弘樹	イトーヨーカ堂人事室総括マネジャー
樋口　美雄	慶應義塾大学教授
水町勇一郎	東京大学教授
三村　明夫	日本商工会議所会頭

（注）肩書きは発足時

れるのは、「働き方改革実行計画」がきわめて短期間の審議でまとめられ公表されたことだ。明らかに「有識者」委員たちが、侃々諤々《かんかんがくがく》の議論を重ね自ら草案を起草し議論したとは思えない。従来から審議会政治にいわれてきた事務局官僚による答申原案の作成が繰り返されたといえるのだが、しかし、それでは有識者委員は何のために存在するのかを問わざるをえないであろう。「外国人材の受け入れ」というが、それは高度の専門的技術や知識をもつプロフェッショナルな人材の受け入れを意味しているのではなく、対象は現業的業務に従事する「労働力」(単純技能労働者)である。すでに技能実習生の名によって多くの外国人労働者が働いている。政府は「実習生」であって「外国人労働者」ではないと主張し続けているが、かれらの労働実態は、「実習」の名による「安価」な労働力以外のなにものでもない。おそらくは有識者委員のなかにもかれらの労働・生活実態を知る者もいようが、知らないならば事務局に詳細な資料の提出をもとめるとともに自ら調査すべきなのだ。

レタス栽培で富裕な農家が多い信州の小さな村にも「実習生」が働いている。村の人口規模からすると大きなスーパーストアがあるが、その食品売場の一角に「実習生」を対象としたコーナーが設けられている。そこに並んでいるのは、低額の実習報酬に配慮したのか、廉価だが瑞々しさを失った野菜であり賞味期限の切れた食品だ。これをスーパーストアの「サービス精神」の表れとみるかどうかは人それぞれかもしれないが、実習生の生活実態を物語るのは否めない。新たに外国人労働者の受け入れを図るというならば、こうした技能実習生の「労働実態」を踏まえたうえで、実習生はもとより新たな外国人労働者の生活を守りうる労働条件や社会保障制度について実行計画に詳細を明示すべきではないか。

市民の期待と真逆の働き方改革

「働き方改革実現会議」に多くの人びとは、「サービス残業」「過労死」といった労働実態の根本的改革を期待したはずだ。だが、「実行計画」は日本の労働法制と労働行政のあり方を問題視し、あらたなシステムを提示するものではなかった。それどころか、「例外規定」としながらも、月一〇〇時間未満までの時間外労働を認めるものだった。しかも、電通女性社員の過労自殺が大きな社会問題として報道されるなかにおいてである。また第一次安倍政権時に議論されながらも社会の批判の前に沙汰止《さたや》みとなった「高度プロフェッショナル」制度の導入を述べた。

「働き方改革実現会議」の実行計画にもとづき成立がはかられた働き方改革一括法によって、日本の労働法制には新自由主義＝市場原理主義が際立ったようにみえる。安倍政権の政策をめぐる激烈な論争が政治の世界で展開されないことは日本政治の「劣化」を物語るが、同時に働き方改革実現会議は専門知の「劣化」を物語ってはいまいか。

さきに実現会議の構成メンバーをみた。日本経団連の代表、労働組合のナショナルセンターである連合の代表、中小企業団体の代表がメンバーとなっているが、かれらはたんに利益集団の「代理人」なのか。そんなことはないだろう。ひとりの人間として従業員＝労働者の労働実態や生活の苦悩をそれぞれの場において学び、リーダーとしての資質を磨いてきたはずである。また社会保障法、労働法、労働経済の専門家が有識者委員としてくわわっている。かれらもそれぞれの専門分野から市民の生活実態やその問題状況を観察するだけでなく、それにもとづき理論の形成に努めてきたはずである。しかも、これらの学問分野においては、元来、社会的平等や公正という規範が重視される。アカデミック・コミュニティから一歩飛び出し政策提言の場に身を置くならば、政治権力の言動と理論的に対峙《たいじ》することが、専門知にはなおさらもとめられる。

さきの安保法制懇談会の報告をうけた安保法制も国民と国の命運を左右するが、働き方改革なるものは、「働く」という人間の日々の生活に直結する政策だけに、問題状況は深刻といわねばなるまい。総力戦遂行のための国民総動員計画に専門知が翼賛していった時代を再来させてはならないのである。

対抗力としての官僚制の衰退

ところで、政治権力と専門知の関係が密になるならば、官僚機構の政策・事業構想力が低下していくのは、当然の帰結ともいえよう。官僚機構の政策・事業の立案について、かれらの社会的問題事象の認識、政策・事業の目標と手段の体系性、さらに実施過程における裁量行為などについては、これまでにも多くの問題指摘や批判が展開されてきた。官僚機構の「優秀さ」を手放しで評価することはできない。

しかし、官僚機構が戦後経済発展過程において社会経済をリードしてきたことは、それなりに評価されるべきだろう。組織のこうした能力は、「独善性」がいわれながらも、内部のきびしいトレーニングによって鍛えられるとともに、外部の専門知にたいしても一定の自律性を保ちながら政策・事業立案に利用してきた。こうした官僚機構の行動が可能であったのは、政治権力の側が多くの局面において官僚機構に「依存」してきたからだとみることができるが、少なくとも官僚機構は政治権力に一定の対抗力をもっていたということができよう。

ところが、政治権力が強権性を強め自らのイデオロギーに根差した政策・事業の実施のために有用な専門知を活用するならば、官僚機構の政策構想をめぐる政治権力への対抗力は衰退していかざるをえない。二〇一四年の内閣人事局の設置によって政権は部長級以上の官僚の人事権を掌握した。また政権にとって「有用」と見做《みな》す官僚を内閣官房、内閣府に一本釣りした。内閣人事局の法的人事権限のおよばない若手官僚についても同様だ。官僚というよりも人間の「性《さが》」といってしまえばそれまでだが、いったんこうしたシステムが機能しだすならば、政権の意向に忠実に行動し「立身出世」を図ろうとする者が出てくる。政治権力の意思に翻弄される官僚の行動からは政策・事業の合理性への思考が失われる。森友学園へ決裁文書を「捏造《ねつぞう》」してまで国有地を廉価で売却した、財務省高級官僚の行動は、それを象徴していよう。一方で、政権の眼鏡に適わず各省に残された官僚のモラル（職業倫理）とモラール（士気）に重要な影響をあたえる。働き方改革一括法の審議過程において、裁量労働の方が一般労働より労働時間が短いといったデータの「捏造」がおこなわれたのは、その具体例であるといってよい。

ようするに、政治権力の思うままに機能する専門知が増大するとき、良かれ悪しかれ、政策・事業の形成において熟慮されるべき多元的な要因が排除され、政治権力の非合理的行動が社会を支配することになる。

3章　原子力ムラ――「規制の虜」になったのはだれか

前章において政権・官僚機構による専門知の調達を、主としてアジア・太平洋戦争に敗戦後の日本を舞台にみてきた。ところが、政治主導・官邸主導の掛け声のもとで長期政権を築いた安倍政権の時代ともなると、政権に翼賛する専門知が著しくなった。政治と専門知の機能的対抗関係は弱体化し、政権の国家主義と新自由主義にもとづく政策・事業展開は、「全盛」の観すら呈した。政権はまさに「わが意を得たり」だったともいえよう。

ところで、戦後日本の政治と専門知の関係にとって原子力開発（原子力発電所）は、これまでみてきた状況とは異なる様相のもとで進行したといえよう。当初より「国策」が強調されながらも、歴代政権そして官僚機構に確固たる指導能力が備わっていたわけではない。のちに詳しくみるが、ひろい意味での専門知に翻弄されてきたのが実態ではないか。その結果が、東日本大震災による東京電力福島第一原子力発電所の過酷事故である。ＩＮＥＳ（国際原子力事象評価尺度）で旧ソ連のチェルノブイリ原発事故と同じレベル7の過酷事故を引き起こした。以下、原発開発をめぐる専門知と政治・行政の関係構造をみていこう。

1　専門知を核とした原子力ムラの「復活」

3・11から一〇年――「脱炭素社会」の忘れ物

二〇一一年三月一一日、一四時四六分、マグニチュード九・〇の巨大地震が東日本の太平洋岸を襲った。この巨大地震が誘発した巨大津波は三陸沿岸を中心とする地域を壊滅させただけではなかった。東京電力福島第一原子力発電所の四基の原子炉を破壊する過酷事故を引き起こした。すでに三月一一日中に全電源の喪失によって運転中の一号機から三号機の三基の原子炉はメルトダウンを引き起こしていたが、人びとを震撼とさせたのは翌一二日からの原子炉建屋《たてや》の水素爆発の凄まじさであったろう。これによって定期点検のために運転を休止していた四号機の建屋は崩壊し、上層階の核燃料プールが剝《む》き出しとなった。これら一連の事態によって高線量の放射性物質の放出は避け難い事態となった。

子どもに「原子力　明るい未来のエネルギー」といわしめた「原発絶対安全」神話は、事実をもって崩れ去った。福島県双葉郡を中心として住民は故郷を追われた。それだけではない。とくに子どもを中心として甲状腺の異常が確認されているし、今後ともそれにおびえながらの生活を余議なくされている。

この原発過酷事故の発生から一〇年が過ぎ去った。新型コロナウイルス感染症（COVID‐19）が拡大するなかで社会経済の疲弊は深刻だが、それにしても原発の過酷事故をめぐる報道はすっかり影を潜めている。もちろん、三月一一日と前後する一週間程度は新聞・テレビなどのマスコミは、この一〇年を振り返る特集を編んだ。ただし、報道の中心は、原発の過酷事故とその現状よりはむしろ、巨大津波に襲われた三陸沿岸の復旧・復興や住民の生活実態に焦点をあてたものがほとんどだった。

菅義偉首相は、二〇二〇年一〇月二六日の「所信表明演説」において、福島原発の過酷事故を人びとの脳裏から消し去るためか、「脱炭素社会」（カーボンニュートラル）を二〇五〇年までに実現すると「公約」した。これを機にエネルギーに関する論説は、一挙に「脱炭素社会」にむかっている。日本が「脱炭素社会」の後進国であり、「脱炭素社会」の実現に異議を申し立てる者はほとんどいないであろう。しかし、政権の政策指向を諸手をあげてたたえる経済学者や環境法学者に「何かお忘れでないですか」といいたくなるのは筆者だけだろうか。

菅政権は前任の安倍晋三政権時代のエネルギー基本計画にいう原発を基幹電源と位置づけ、電源の二〇から二二パーセントを原発に依存することを否定したわけでない。また原発はCO_2を出さないといった、原発「全盛」時代に聞き飽きた宣伝が、政府部内から繰り返されている。

それだけではない。日本の原子力開発を指導してきた専門家は「脱炭素やエネルギー自給率を考えると原発は必要だと思います。ゼロリスクはあり得ないと認めた上で、新増設や放射性廃棄物も最終処分場などについて国会で正面から議論し、国民の合意を作ることが求められている」（齋藤伸三・元原子力委員会委員長代理「リスクを認め正面から議論」『朝日新聞』二〇二一年三月一〇日付朝刊）という。「ゼロリスクはあり得ない」との言は、齋藤伸三ら原発推進論者にかぎらない。一部の全国紙もまた原発訴訟のたびに繰り返し、「ゼロリスクをいうなら自動車にも乗れない」と論評している。

なるほど、いかなる技術体系にも「ゼロリスク」はないだろう。だが、原発はリスクの規模、深刻さ、制御の不可能性などにおいて他の技術とは決定的違いが存在する。それはたんなる思考のレベルの話ではなく、3・11で味わわされたことだ。この程度のことはどの分野の専門家であれ当然の認識だと考えておきたい。それだけに「合意を調達してリスクを恐れず前に進め」とは、科学者の備えるべき倫理性の否定ではないだろうか。

こうした「ゼロリスク否定論」にくわえて、ここ数年来、政府部内や一部の専門家から提起されているのは、ＳＭＲ（小型モジュール炉）の開発だ。ＳＭＲは万一事故が起きても機動的な出力調整が可能、小型ゆえに製造コストが抑えられるとの主張だ（たとえば田中伸男「発想転換　次世代炉の開発を」『朝日新聞』同右）。

なにがなんでも原発を動かそうという動きは、たんに経済活動に必要というだけではないだろう。そこに潜んでいるのは、国際的に核兵器開発の疑いの目がむけられているプルトニウムの保有という問題であろう。実際、日本は四六トンを超えるプルトニウムを保有している。核兵器開発への懐疑の眼を打ち消すには、MOX燃料（原発の使用済み燃料に一パーセント程度ふくまれるプルトニウムを再処理で取り出し、二酸化プルトニウムと二酸化ウランに混ぜた核燃料）を使う原発を動かさねばならない。こうした事態をふくめて「脱炭素社会」称賛の声が高まるなかで、だれがほくそ笑んでいるかは指摘するまでもあるまい。福島原発の過酷事故から一〇年を前にして政治も専門家も「脱炭素社会」をいうならば、同時に「脱原発社会」を強調せねばなるまい。

なにも解決されていない事故

CO_2が地球環境に重大な影響を与えていることは、多様なメディアによって頻繁に報道されている。地球温暖化は現に起きており、また起こりうる事態への危機感が高まっている。だが、高濃度の放射性物質の拡散による人体・大気・土壌・海洋の取り返しのつかない汚染など二度とあってはならないのであり、地球温暖化と同じ危機感をもって原発のあり方を考えねばなるまい。

福島原発の3・11過酷事故が引き起こした事態は、一〇年を経過した今日、ほとんどなにも解決されていない。福島の過酷事故当時五四基の原発があった。過酷事故を起こした福島原発をはじめとして、すでに「廃炉」と決定された老朽原発もある。東京電力は福島第一原発の六基のみならず第二原発の四基の原発を「廃炉」とするとしている。だが、「廃炉」とは何を意味するのか。明確に定義されていない。そもそもメルトダウンを起こした核燃料の形状も位置も正確に把握されていないばかりか、その取り出し方法についても今もって暗中模索が実態である。

過酷事故当初の高圧放水車やヘリコプターによる放水は大々的にテレビ報道された。だが、原子炉内の溶融した核燃料への放水は今日なお続けられている。だからこそ、福島第一原発構内には放射能汚染水を貯蔵するタンクが林立している。ところが設置の余地がなくなったとして、海洋投棄が計画されてきた。二〇二一年四月一三日、菅政権は汚染水の海洋投棄が「廃炉」に不可欠であると閣議決定した。今後投棄のための施設を建設し二〇二三年から海洋投棄することが予定されている。政府の計画通りに海洋投棄がおこなわれるとしても三〇年を要するという。しかも、汚染水にふくまれる放射性物質を除去すれば「安全」というが、国内はもとより国際的にも海洋投棄の合意を調達するのは容易ではない。そもそも汚染水にふくまれるトリチウム（三重水素）は除去できない。希釈して投棄するというが、トリチウムの総量が変化するわけではない。

かりに「廃炉」が、核燃料をとりだし、圧力容器、格納容器、建屋を解体し、原発サイトを更地にすることだとしよう。ほとんど「夢物語」だが、しかし、民家の解体とは決定的に異なる。核燃料をはじめとする高レベル放射性物質をいかに安全に処理するのか。これは過酷事故を起こした福島原発だけのことではない。「廃炉」が決定されている原発のすべてに共通する課題だ。だが、高レベル放射性廃棄物の「最終処分場」は、掛け声だけでまったく展望がないのが実態だ。放射能汚染が相対的に低い廃棄物についても最終処分方法が明確なわけではない。つまり「廃炉」にともなう課題は山積しており、なに一つ具体的かつ明確な設計図はしめされていない。

　原発がつぎつぎと建設されていった時代、「トイレなきマンション」が、原発に批判ないし懐疑派によって繰り返し提起された。だが、政治はもとより原発の推進に「邁進」する専門知は、歯牙にもかけることがなかった。3・11過酷事故によってようやくにして事の重大性に気付いたといえないこともないが、積極的に追究する動きは低調である。だからこそ、「小型化すれば安全性が高まる」といった言説が登場するのだ。開発・設置・運転ばかりに関心を注ぎ、ライフサイクルを無視して建設されてきた原発なる装置は、まさに未完の技術体系なのだ。科学・技術信仰が技術装置の終末への眼を曇《くも》らせたといってよい。

東京電力福島第一原発では、処理済み汚染水の貯蔵タンクが並ぶ＝2021年

住民の生活破壊

　こうした事態をみるだけでも、3・11は終わっていないどころか、未曾有の過酷事故は、解決がきわめて困難

な問題をあらためて発現した。しかし、同時に忘れてはならないのは、市民の生活を根底から破壊したことである。政府は放射線量の高い帰還困難区域を除いて避難指示区域を解除し、住民に帰還を呼び掛けている。だが、帰還者は自治体によって差異があるものの過酷事故前の人口の多くて一五パーセント程度である。放射線量の高さへの恐怖心にくわえて、生活基盤が失われており故郷に戻りたくとも戻れないのが実情である。第一原発周辺を見聞すればすぐに分かることだが、住居は廃屋同然であり田畑は除染によって排出された土壌を詰め込んだ黒いフレコンバッグ（袋状の包材）で覆いつくされている。農業や酪農を再開する条件はすっかり失われている。

避難を余議なくされた人びとの生活実態を詳しく論じることが、本書の目的ではないが、住民の生活を復興することは重大な政治・行政課題のまま取り残されている。原発なる未完の技術体系を「国策」として推進した政治の責任は大きい。しかし、市民の生活をただただ「バラ色」に描き、「国策」に与するどころか先頭に立って推進した専門知は、いったい、いかなる代物なのか。これは原発にかぎらず政治と科学のあり方にとって避けて通ることのできない命題といってよい。

原子力規制委員会設置法のドタバタ審議

3・11過酷事故を機として原子力規制行政の「改革」が政治の大きな課題とされた。二〇一二年九月に新たな原子力規制機関として原子力規制委員会が発足した。過酷事故の衝撃がきわめて大きかっただけに、原子炉等規制法の「改正」や新たな規制機関の創設には一般的にいうかぎり社会的関心が高かった。とはいえ、あらたな規制機関の設置をめぐる政治の動きはあまりに拙速だった。また原発の開発・推進に深くかかわってきた科学・技術者らは、未曾有の事故に言葉を失ったのか、ほとんど発言することがなかった。同時に、専門知のあり方に照らしていうならば、法体系の改革やあらたな行政組織の設置なのだから、その制度設計について関連する社会科学の専門知は積極的に発言すべきだった。この点は筆者も自省せねばならないのだが、今日に至っても社会科学分野からの現行法・行政体制への発言は低調である。

さて、当時の民主党政権は二〇一一年秋からあらたな原子力規制機関のあり方の検討を開始した。そして、二〇一二年の通常国会に環境省の外局として原子力規制庁（当初の名称は原子力安全庁）設置法案や原子炉等規制法の改正法案を提出した。だが、この法案には、政治の世界はもとより社会的にも疑問・批判が寄せられた。その中心は、原子力規制庁を環境省の「外局」とした点である。環境省が自然保護や大気汚染などの環境問題に取り組んできたことは事実だが、一方で原発を「CO_2を出さないクリーンエネルギー」として推進の旗を振ってきた。内閣の統轄下にあるそのような行政機関に原発にたいするきびしい規制は担いえない、とするものである。

一方、野党となっていた自民党は、自らの政権が大規模な原発の開発・推進を図ってきた結果の過酷事故には触れることなく、あらたな原子力規制機関のためのプロジェクトチームを設けた。座長に就いたのは塩崎恭久だった。そして、二〇一二年の通常国会に公明党と共同で原子力規制委員会の設置法案を提出した。これは国家行政組織法第三条第二項「行政組織のため置かれる国の行政機関は、省、委員会及び庁とし、その設置及び廃止は、別に法律の定めるところによる」にもとづく、いわゆる行政委員会である。また、同法第三項は、「委員会及び庁は、省に、その外局として置かれるものとする」と定めており、原子力規制委員会を環境省の外局とするものだった。

二つの新たな原子力規制機関についての法案が国会に上程されたが、いずれも審議は停滞した。民主党政権案はさきのような批判にくわえて、小沢一郎グループとの党内抗争によって一体性を欠き、法案審議に取り組めなかったことによる。一方の自民党案は自民党の内部に「行政委員会では内閣のコントロールがきかない」「万一原発事故が発生したとき迅速な対応ができない」といった批判が根強かったことによる。

こうしたなかで二〇一二年五月五日に全原発が停止した。野田政権は「暫定的安全基準」を定め、六月一六日に関西電力大飯《おおい》三、四号機の再稼働を認めた。だが、安定的な規制機関と規制基準を欠いた状況での原発再稼働には批判が巻き起こった。野田政権は、原発の「廃止」など視野にも入れておらず、基幹電源として位置づけていたから、本格的な規制機関を立ち上げねばならなかった。事情は自民・公明党も同様であった。こうして民主党政権側と自民・公明党の野党側の妥協が、急転直下成立することになる。

二つの法案は衆議院環境委員会に付託された。委員会は民主・自民・公明の議員のみで構成されていた。頻繁な委員会理事会が開催された。自民・公明のいう原子力規制委員会を設置し民主党政権のいう原子力規制庁を委員会の事務局と位置づける原子力規制委員会設置法案は、二〇一二年六月一五日に衆院環境委員長提案として国会に上程され、その日のうちに環境委員会そして本会議を通過し、参議院に送られた。参議院でも六月二〇日に一日で委員会・本会議を通過し成立となった。法案は本則が三一条、そして、この法案との整合性を図るために既存法の修正個所を中心とする付則が九七条という代物である。いかにもドタバタの法案審議であった。

何のための国会事故調だったのか

国会は二〇一一年一二月八日に「東京電力福島原子力発電所事故調査委員会」（「国会事故調」とする）を設置し、翌年七月五日に報告書をまとめている。この意味では国会は未曾有の原発事故に多大な関心を持っていたといえよう。国会事故調は、学術会議会長も務めた黒川清を委員長に一〇名の委員から構成された（**表4**）。報告書は当然「新しい規制組織の要件」について論じている。そこでは「規制組織は、今回の事故を契機に、国民の健康と安全を最優先とし、常に安全の向上に向けて自ら変革を続けていく組織になるよう抜本的な転換を図る。新たな規制組織は以下の要件を満たすものとする」として、①高い独立性、②透明性、③専門能力と職務への責任感、④一元化、⑤自律性をあげた。

さらに国会事故調は、未解明部分の事故原因の究明、事故の収束にむけたプロセス、被害の拡大防止、使用済み核燃料問題などを調査審議する、民間人を中心とした第三者機関（原子力臨時調査委員会〔仮称〕）の設置を提言した。

表4　東京電力福島原子力発電所事故調査委員会(国会事故調査委員会)委員

○黒川　　清	東京大学名誉教授、元日本学術会議会長
石橋　克彦	神戸大学名誉教授
大島　賢三	独立行政法人国際協力機構顧問、元国連大使
崎山比早子	元放射線医学総合研究所主任研究官
櫻井　正史	弁護士、元名古屋高等検察庁検事長
田中　耕一	株式会社島津製作所フェロー
田中　三彦	科学ジャーナリスト
野村　修也	中央大学法科大学院教授、弁護士
蜂須賀禮子	福島県大熊町商工会会長
横山　禎徳	社会システムデザイナー

（注）肩書きは発足時。○は委員長

しかし、新たな原子力規制機関についての国会事故調の提言は、国会が自ら設置したにもかかわらず、国会審議に生かされることはなかった。国会が設置法を定めて事故調査委員会を設けることは、戦後日本の国会史上において初めてのことである。そこには国会の「良心」をみておきたい。そうだとするならば、本来、国会事故調の報告を待って新たな規制機関を審議すべきだろう。だが政権にも野党にもその意思はなかった。さきに、社会科学系専門知のこの問題についての発言が低調であったことを述べたが、同時に原発の推進を図ってきた理系の専門知からも目立った発言はなかった。はたしてかれらは意気消沈していたのだろうか。

国会事故調は規制組織の要件として右のような五点をあげた。原子力規制委員会は、一般に行政委員会であり独立性が高いと認識されている。だがそれは一種の「虚構」であるといえよう。最高意思決定機関である複数の委員の任命には国会の同意を必要とするが、人事案件の発議権は内閣にある。そして、これは法的問題というより国会の「怠慢」だが、国会審議にあたって内閣の提案した委員候補に所信をもとめ、それをもとに質疑がおこなわれることは例外である。実質的に内閣統轄下の府省庁の幹部の任命と変わらない。しかも、原子力規制委員会は事務局として原子力規制庁なる官僚制組織を有する。原子力規制庁官僚の人事権は最高意思決定機関である委員会にあるが、実質的には、外局としての委員会を有する省さらには内閣にある。原子力規制委員会にかぎらないが、日本の行政委員会制度は、内閣＝政権からの独立性はけっして高くないのだ。

野田政権による初代委員の任命と欠格要件

さて、野田政権は原子力規制委員会の委員の人選を急いだ。原子力規制委員会設置法第七条第一項は、委員長ならびに委員は「人格が高潔であって、原子力利用における安全の確保に関して専門的知識及び経験並びに高い識見を有する者のうちから、両議院の同意を得て、内閣総理大臣が任命する」とした。そして同法第七条第七項第三号は「原子力に係る製錬、加工、貯蔵、再処理若しくは廃棄の事業を行う者」の役員・従業員は、委員長または委員に就任できないと、欠格要件を定めた。

さらに野田政権の内閣官房原子力安全規制組織等改革準備室は、この欠格要件についてのガイドラインとして「原子力規制委員長及び委員の要件について」を定めた。そこでは、①就任前直近三年間に、原子力事業者等及びその団体の役員、従業者等であった者、②就任前直近三年間に、同一の原子力事業者等から、個人として、一定額以上の報酬等を受領していた者は、委員長・委員から除外されるとされた。このガイドラインは、二〇一二年一二月に政権を奪還した第二次安倍晋三政権のもとで廃棄された。新たな選任基準についてのガイドラインはつくられていないから、政権の人事についての裁量が高まったといえる。

さて、二〇一二年九月一九日に原子力規制委員会は発足した。以来、今日にいたる委員長ならびに委員は**表5**のとおりである。この表に一目瞭然だが、原子力規制委員会の委員長・委員の人事には、原発の推進に深くかかわってきた専門知が次第に影響力を増してきたといえよう。

表5　原子力規制委員会委員と在任期間

□田中　俊一	2012年9月19日～2017年9月18日
○更田　豊志	2012年9月19日～現在
中村佳代子	2012年9月19日～2015年9月18日
大島　賢三	2012年9月19日～2014年9月18日
島崎　邦彦	2012年9月19日～2014年9月18日
田中　　知	2014年9月19日～現在
石渡　　明	2014年9月19日～現在
伴　　信彦	2015年9月19日～現在
山中　伸介	2017年9月22日～現在

（注）2021年9月30日現在。□は初代委員長、○は現委員長

野田政権が安定的な規制機関のもとで原発の維持を図ろうとしたことはさきに述べた。野田政権が任命した初代委員長および委員は**表5**のとおりだが、委員長の田中俊一、委員（現委員長）の更田《ふけ》豊志《た》については、設置法に抵触するのではないかとの指摘が生じた。それでも政権は、原子力工学の研究者・技術者に偏重した人事を避けたともいえる。政権は日本を代表する地震学者の一人である島崎邦彦（委員長代理）と外交官であり国際的な原子力規制にくわしく国会事故調の委員でもあった大島賢三を任命した。日本が地震大国であり3・11過酷事故が巨大地震を「引き鉄《がね》」としていたことを思うならば、地震学者を委員にくわえることは当然の判断である。また人文・社会科学的観点から原子力規制を考えることのできる有識者をくわえることも、新たな規制機関という以上、的確な判断であろう。この意味では政権の良識が反映された人事であったといえよう。

安倍政権による地震学者らの排除

原子力規制委員会は、二〇一三年六月に委員会規則として改正原子炉等規制法にもとづく原子力発電所等の設置許可に関する「新規制基準」を定めた。これにもとづき原発の再稼働審査をおこなうことになる。関西電力は二〇一三年七月八日に大飯原発三、四号機の再稼働にむけて原子力規制委員会に新規制基準への適合性審査を申請した。事業者は改正原子炉等規制法ならびに新規制基準に適合するように設備を改めるバックフィットを実施し、原子炉の設置変更許可申請を原子力規制委員会に提出して委員会の審査を受けねばならない。設置変更許可とは、原発ならびに関連施設が新規制基準に適合しており再稼働を認める行政処分である。原子力規制委員会は二〇一七年二月二二日に、大飯原発三、四号機が新規制基準に適合しているとして審査を終了した。そしてパブリックコメント実施後の二〇一七年五月二四日に、これら原発の再稼働を正式に認めた。

ところで、この大飯原発三、四号機の審査途中の二〇一四年九月、委員長代理の島崎邦彦と委員の大島賢三が退任した。原子力規制委員会の委員は委員長をふくめて五名であり任期五年だが、初代委員にかぎって委員長を除く四名の委員のうち二名の委員の任期を二年、他の二名を任期三年とした。ただし、再任は可能である。この規定自体は、委員の任期が同時に切れることを防ぐものである。

だが、安倍政権は島崎邦彦と大島賢三の二人を再任しなかった。理由はまったく語らず任期切れによる退任としたにすぎない。原子力規制委員会もこれについて何らの声明も出すことはなかった。だが、理由は明らかではないだろうか。島崎邦彦は地震学者として関電の「基準地震動」予測にきびしい見解を取り続けた。また大島は国会事故調の経験などをもとに再稼働に慎重であったと伝えられる。

実際、さきの大飯原発三、四号機の新規制基準への適合性審査にあたって関電は、当初の審査中請では「基準地震動」を七〇〇ガル（地震の加速度が一秒間にどれほど変化したかを示す。速度が毎秒一センチメートルずつ速くなる加速状態を一ガルとする）としていたが、委員会は再計算をもとめた。その結果八五六ガルと訂正し委員会は再稼働を認めた。だが、島崎邦彦は退任後の二〇一六年六月一六日に田中俊一委員長らとの意見交換の場をもち、「過小評価の可能性が高い」とした。島崎邦彦の見解は、「最大クラスではない日本海『最大クラス』の津波」（『科学』二〇一六年七月号）に詳しい。

原子力工学者に偏重した原子力規制委員会

基幹電源として原発の再稼働・推進を図ろうとする安倍政権にとって原子力規制委員会内の不協和音を「排除」し、再稼働の道筋を明確にすることが「必須」の課題だ。島崎・大島の後任として委員に任命されたのは、東北大学教授の石渡明《いしわたり》と東京大学教授の田中知《さとる》だった。石渡明は岩石の研究者であって地震学の専門家ではない。田中知は原子力学会会長も務めたばかりか、原子力学界の「ドン」といわれてきた原子力工学の専門家である。それだけでなく、この任命にあたってロイター通信は、田中知が日立GEニュークリア・エナジーや大間《おおま》原発（青森県）を建設中の電源開発から巨額の寄付や報酬を得ていたと報じた。ロイター通信は、田中に「原子力安全規制の独立性や中立性が維持できるのか」との質問状を送ったが「黙殺」されたとも報じた。

その後、**表5**のような人事をへて現在の更田豊志を委員長、田中知を委員長代理とする委員会が構成されている。委員の専門分野からいえば、原子力工学3、地質学1、放射線医学1である。はたしてこうした構成をどのようにみるべきか。

原発についての国民の大きな関心は地震であり、原発の再稼働をめぐる訴訟においても、ことごとく「基準地震動」の適正さが大きな争点とされている。だが、原子力規制委員会には地震学の専門家は存在しない。また実際に申請の適正さを審査している原子力規制庁の官僚にも専門家が任用されているわけではない。政府の地震調査研究推進本部は、近い将来に東南海地震の発生確率が高いことを「予測」し、また中央防災会議の東南海、南海地震等に関する専門調査会は、巨大津波の発生に警告を鳴らしている。

原子力規制委員会が、3・11の過酷事故をふまえて新たな原発規制をおこなうために専門知を集めた「独立性」の高い行政機関であるならば、地震学の専門家を欠いて機能するのか。原子力規制委員会に委員の選任権限は存在しない。とはいえ、原子力規制委員会のミッションに照らして政権に委員の専門分野について申し入れをすることは可能だ。だが、委員交代の折にそのような申し入れがおこなわれたようにはみえない。もっとも、政権と規制委員会の間で人事についての協議がインフォーマルになされているのではないかと推測できるが、それが表にでることは稀である。

原子力規制委員会の不可解な行動

原子力工学者に偏重した原子力規制委員会は、原発の再稼働にむけて新規制基準への適合性審査をもとめた電力事業者の申請を、一件たりとも「不適合」と判断していない。これは日本の行政に一般的にみられることだが、事業者の審査申請に先立って、事務局である原子力規制庁官僚と事業者のあいだでインフォーマルな協議が重ねられていることを意味しよう。事務局官僚との下協議によって「承認」された案件のみが、正規の審査手続きにかけられるのだ。

ところで、原子力規制委員会は二〇二一年四月、東京電力柏崎刈羽《かりわ》原発について核燃料の移動を禁止する是正措置（行政処分）を東電に下した。これによってすでに再稼働が認められていた七号機の運転はまったく目途が立たなくなった。理由はテロリストなどの侵入を検知する設備の不備である。だが、少し事情を知る者には不可解な原子力規制委員会の行動といえよう。原子力規制委員会は、二〇二〇年に東電社長をよび電力事業者としての資質を叱責《しっせき》した。ところが、それから短期間のうちに再稼働を認めた。委員会は今回の処分について原子力規制庁の調査によるとしているが、ではいったい再稼働審査は、何だったのか。今回の是正措置は自らの存在理由を維持するための行政処分であるといえるのではないか。青森県六ケ所村の核燃料再処理工場についても同様である。核燃料サイクル計画が「破綻」している状況で稼働を認可する合理性が存在するのか。

それだけではない。原子力規制委員会は「老朽原発」の再稼働を認めている。3・11過酷事故をうけて改正された原子炉等規制法は、それまで全く法的規制のなかった原発の稼働期間を四〇年と定めた。ただし、四〇年を超えた原発について、原子力規制委員会の審査を経たうえで一回に限り最長二〇年の運転を可能とした。これは改正原子炉等規制法の国会審議過程において「まったくの例外規定」とされたものである。もともと原発の寿命を四〇年に設定することに明確な科学的根拠は存在しない。圧力容器内の核分裂反応によって飛び出した中性子で容器の鋼鉄の壁はもろくなる。四〇年程度はもつであろうという推定値でしかない。ましてや、「例外」とはいえ最長二〇年の運転延長は、圧力容器の耐性についての期待値でしかない。これは原発の推進に賛成か否かを超えた原子力科学者・技術者の共通認識だ。

だが原子力規制委員会は、関西電力の高浜原発一、二号機について一六年六月二〇日に、同美浜《みはま》原発三号機について一六年一一月一六日に二〇年の運転延長を認めた。ただ、「老朽原発」のさらなる運転延長には地元の市民団体や議会に安全性への懸念が根強く、県知事の同意をえられないままであった。ところが、二一年四月、杉本達治・福井県知事はこれら原発の再稼働に同意すると表明した。知事の同意は、「老朽原発」を稼働させないことにはエネルギー基本計画に支障がでるとの政治の要請に動かされたものであろう。実際、経済産業省は老朽原発の再稼働について一機あたり最大二五億円の新たな交付金を支払うとしている。これは原発が次々と建設されていった時代に地元同意の有力手段とされた電源三法交付金とまったく同様の手法だ。あれほどの過酷事故になにも学んでいない「政治の貧困」に唖然とするのは筆者だけではないだろう。

政治の素朴な科学・技術信仰の罪

原子力規制委員会設置時の民主党政権もふくめて政権(政治)は、きわめて素朴な科学・技術信仰に陥っていよう。つまり、原子力発電所なる巨大な技術体系のコントロールは、工学的に「精通」した科学・技術者にゆだねればよい、自らはかれらの活動を政治的かつ財政的にささえるという思考だ。一方において、こうした政治の素朴な科学・技術「信仰」にささえられ同質性のきわめて高い視野の限定された専門知は、自らをオールマイティと思い込む。それゆえに、電力事業者や重電メーカーの技術者や経営陣との協調を指向する。こうして、原発規制をミッションとすべき行政機関は、事業者との一体性を強めていってしまう。

3・11過酷事故後、「原子力ムラ」なる言葉が一挙に広まった。一時的に鳴りを潜めていた「原子力ムラ」は、いまや政権内に原子力規制委員会なる「不動」の橋頭保を築いたともいえよう。とするならば、「原子力ムラ」とはいかなる代物なのか。そしてまた政治と専門知との関係とは、原発開発にあたっていかなる状況であったのか。このことを歴史的にみておくことにしよう。

2　だれが、原子力安全規制の主体なのか

イデオロギー先行の政治が促す専門知集団の形成

政治が専門知にアドバイスをもとめ事案を決定する、あるいは専門知によって構成された機関に一定の許認可をふくめた行政行為をゆだねる。こうした政治の行動は、古くからみることができる。制度論としていうかぎり、政治の権力は選挙による代表性とそれによる正当性によってささえられており、政治があくまで専門知の行動を統制していると認識される。だが、とりわけそれは高度の

かつ未完の科学・技術分野において形式論に堕する危うさを秘めていよう。

選挙によって国民の信託を受けた政治家に、科学・技術の詳細についての知識をもとめるのはまったく無理な相談だ。だが、少なくとも政治家は、自然科学・社会科学の基礎を理解する素養をもち、新たな科学・技術体系が社会や市民生活にいかなる意味をもつのかを洞察する能力を備えているべきであろう。これはけっして無理な注文ではない。とくに首相や閣僚といった執政部を構成する政治家は、「科学・技術と人間」についての鋭い洞察力をもとめられよう。そうでないかぎり、細分化され高度化された学問を背景とする専門知の行動をコントロールないし抑制できない。

前章でも触れたが、現代日本の政治にみられる大きな欠陥は、政治家そして彼らの集団的営為としての政治行動に必要とされる条件を、政治家が自ら真摯に探究しようとしないことだ。政治家にとって最大の関心事は、自らの権力基盤を維持することであり、それは選挙によって与えられる。現代社会のきわめて多様な利益集団が、その利益の確実な実現をもとめて政治にアクセスする。政治家（あるいはその志望者）にとって、いかにそれら集団と密接な関係をもち票と政治資金をえるかが重大な関心事となる。いまさら、こんな「初歩的な」ことを述べるな、とのお叱りを受けるかもしれない。だが、直近のことをいえば安倍晋三の七年余にわたる政治に嫌になるほど見せつけられた事態だ。まさにそれは日本政治の底流として脈々と生き続けている。

とはいえ、政治家の権力指向の態様もまた多様だ。「お供物《くもつ》・ご利益《りやく》」政治に深く入り込み、小さな権力維持で満足する政治家もいれば、そこにとどまらずに「国家」なるものを振り回し露骨に強大な権力を追求しようとする者もいる。近隣国を「敵性」国家だといいたて先制攻撃能力を備えるべきだと喧伝する。日本・日本人のアイデンティティーを高めるための教育や秩序ある言論が重要である。こうしたイデオロギー偏重の政策思考が、市民の安寧な生活を蝕む。だが、このレベルならば、市民は生活との関係において抗議の声をあげることができる。

ところが、本来、高度のしかも人間のコントロールがきわめて難しい科学・技術体系が国家の「安全」、「経済発展に不可欠」といった言説で喧伝される。そもそも、そのように声を大きくして語る政治家自体、原子力の「平和利用」であろうが「軍事利用」であろうが、具体的なメカニズムについて専門能力を有しているわけではない。ましてや言説を裏付けるエビデンスを入手する努力を重ねてきたわけでもない。ようするに、国際的な政治情勢や国内経済の趨勢についての価値的判断にもとづき原子力利用の推進を図ろうとする、科学的根拠のないイデオロギーなのだ。

しかも、このイデオロギーはふつうの市民に受容されるような「装飾」を凝らすものだった。子ども向け雑誌にまで「少量の燃料で大規模な発電可能な原子力発電所」「長時間燃料補給をしないで走れる機関車・旅客船」といった絵空事が、未来社会のイラストとともに大々的に掲載された。こうした「夢物語」は人びとを魅了し、ヒロシマ・ナガサキの惨劇がまだ記憶に生々しいにもかかわらず、「原子力の平和利用」と「核兵器」は異次元のものとする雰囲気を醸成していった。

科学的洞察力を欠いた政治の発議は、「原子力の平和利用」にかぎられるわけではないが、イデオロギーに偏重した国家主導体制が、特定の専門知集団、巨大な企業集団の形成・成長を促していったのだ。

日本の独立と「原子力の平和利用」論

アジア・太平洋戦争の渦中において日本もまた軍部主導のもとに核兵器の開発に着手していたことは、いまや公然の秘密である。理化学研究所や京都大学がその舞台であったが、資金力のみならず人的資源もふくめて欠乏は著しく、まったくの基礎研究に終わった。GHQは、日本にたいして原子力の研究自体を禁止した。

だが、一九五二年の日本独立とともに原子力研究にかかわった専門知間の雰囲気は変わる。理化学研究所での研究をリードした仁科芳雄は一九五一年に病死したが、戦後初期から核兵器による戦争を二度と引き起こしてはならないと強調しつつも、「原子力の平和利用」には大いに関心をもっていたと伝えられる。

日本独立と前後するころの核物理学者たちの原子力研究についての態度は、廣重徹『戦後日本の科学運動』（吉岡斉編・解説、こぶし書房、二〇一二年）に詳しい。科学者のまえに原子力研究問題が具体的かつ突然のように現れたのは一九五二年に入ってである。議論の立役者は、伏見康治（大阪大学教授）や茅《かや》誠司（東京大学教授）だった。伏見そして茅らは、五二年夏から学術会議の運営審議会や研究者の集会などにおいて、政府に原子力委員会を設けて、まず調査をおこない技術的問題の見通しを立て、実験用原子炉の建設、工業化の準備期間、原子力発電といった段階を踏みつつ原子力開発をおこなうべきだとした。また、一〇月の学術会議総会において原子力委員会の設置を政府にもとめることを決議すべきと論陣を張った。しかし、この伏見の提起は、政府に原子力委員会を設置したならば、核の軍事研究につながる恐れがあるといった批判を浴びた。

一九五二年一〇月二三日の総会に伏見康治と茅誠司は連名で、①来年四月の総会において、政府にたいして原子力問題について申し入れる可否を検討する、②学術会議内に次の総会に提出する原案を準備する委員会を設置する、という提案をした。しかし、これにも強い反対意見が提出され提案は取り下げられた。しかし、民法学者の我妻栄《わがつまさかえ》(東京大学教授)の提案で原子力問題を検討する委員会を学術会議内に設置することになった。廣重徹はこうした事態について「このとき以後は、学術会議内および科学者のあいだで、日本で原子力研究をおこなうべきか、おこなうべきでないかという、あまり実りのない一般的議論が進行することになる」と述べている。

こうした原子力研究についての膠着《こうちやく》状況は、逆に「原子力の平和利用」を主張する科学者に社会的な注目が集まったといえよう。物理学者の武谷《たけたに》三男はヒロシマ・ナガサキの惨劇を知る日本人は「平和的な原子力の研究を行う権利を持っている」と述べた。この言葉に端的にあらわれているように、「原子力の平和研究」、より直接的には原子力発電について、前向きな夢をいだく原子力研究者を輩出していった。

「原子力の平和利用」に核物理学者が積極的であったのは、かれらの知的関心に即す限りそれなりに理解できよう。核エネルギーによる原子爆弾が開発された。核エネルギーを「悪魔」の手にゆだねてはならないが、人間生活の豊かさの向上にむけて使うことは可能だ。その使用方法の研究開発はかれらの知的関心を刺激して余りあったといえよう。のちに武谷三男は、原子力資料情報室の創設に参画し、「平和利用」が、けっして人間の手による操作可能な安全性を備えるものでないことを訴えていくが、核物理学者の知的関心が、日本の原子力開発のベースとなったことは否めない。

「原子力予算」と中曽根康弘、正力松太郎

こうした状況下の一九五三年一二月、アイゼンハワー米大統領の国連演説「平和のための原子力」(Atoms for Peace)がおこなわれた。アイゼンハワーは、「核による軍備増強の流れを逆に向かわせられれば、もっとも破壊的な力が、人類に恩恵をもたらすようになる。平和利用は夢ではない」と述べ喝采《かっさい》を浴びた。「原子力の平和利用」は、一挙に国際的な関心事となった。

ただし、中日新聞取材班は「仕組まれた『わな』」という言葉で的確に本質をとらえているが、アイゼンハワーの演説の意味するところは単純ではない。きびしい冷戦のもとでソ連もまた核爆弾の開発はもとより原子力発電の開発にも成功していた。アメリカは原子力開発の優位性を失っていた。この演説は、アメリカによって管理された「平和利用」によって核兵器への恐怖心をやわらげつつ、核の軍事的優位を再構築していこうとするものだった(中日新聞社会部編『日米同盟と原発――隠された核の戦後史』東京新聞出版局、二〇一三年)。

政界でアイゼンハワーの「平和のための原子力」にいち早く反応したのが、中曽根康弘と正力松

太郎であった。中曽根康弘は内務官僚としてキャリアをスタートさせたが、敗戦後衆議院議員となり「青年将校」とも呼ばれた少壮代議士だった。正力松太郎は、中曽根と同じく内務官僚（警察官僚）だったが、皇太子（昭和天皇）狙撃事件の責任を取って辞職し、その後、後藤新平の資金援助をうけて読売新聞を買収して社長となった。敗戦当時貴族院議員（大政翼賛会所属）であり敗戦後A級戦犯として巣鴨プリズンに収監された。四七年に釈放され、その後読売新聞社主に復帰したが、その傍ら一九五五年二月の総選挙で当選し衆議院議員を務めた。中曽根と正力は日本もまた原子力開発にむけた体制を整えるよう連携して活動した。とりわけ正力については、そのメディアにおける影響力を狙って、アメリカ中央情報局（ＣＩＡ）が「原子力の平和利用」を日本に促すために、秘密裏に頻繁な接触を試みたともいわれている。

実際、中曽根ら自由、改進、日本自由の三党は一九五四年三月、五四年度予算に「原子力予算」を追加計上するようにもとめた。それは政権ならびに国会を動かし、総額二億五〇〇〇万円、原子炉の基礎研究等助成金二億三五〇〇万円とウラン探鉱費一五〇〇万円から構成された「原子力予算」が成立をみた。

原子力行政の行政組織の形成

一九五五年一二月、原子力基本法、原子力委員会設置法、総理府設置法の一部改正法（原子力局の設置）の、いわゆる「原子力三法」が制定された。こうして日本は「原子力の平和利用」にむけた財政・行政体制を整えた。そして五六年一月に総理府原子力局が設置され、また国家行政組織法上は「審議会等」だが、国務大臣を長とする原子力委員会がスタートした。原子力委員長に就任したのは正力松太郎である（委員構成は、石川一郎・経団連会長、有沢廣巳・東京大学教授、湯川秀樹・京都大学教授、藤岡由夫・東京教育大学教授）。審議会等のトップに国務大臣を当てることは通常ありえないが、原子力委員長に国務大臣を任命する体制は、二〇〇一年の行政改革まで続いた。

中曽根は「原子力予算」の提案に先立ってアメリカを訪れ研究機関などを視察している。だが、中曽根にせよ正力にせよ「原子力の平和利用」の科学的メカニズムに知識を有していたとはいえない。そもそも国家主義者であるかれらの意図が、核エネルギーの「平和利用」「民生利用」を真に追求するものであったかは多分に疑わしいのだ。かれらが朝鮮戦争の「特需景気」を機として成長へと転じた日本経済のさらなる進展、アメリカとの従属的ではあるが軍事同盟のもとでの日本の政治的安定をもとめてアイゼンハワー演説に着目したのは、「政治的カン」の鋭さを物語るだろう。

だが、この国家主義的政治家たちの狙いはそれだけだったろうか。中曽根にもまして国家主義的政治家である岸信介《のぶすけ》は、一九五五年に「専守防衛のためならば、核兵器の保有も憲法違反ではない」と発言している。この種の発言は、今日なお国家主義的政治家から発せられている。したがって、米ソ冷戦がきびしく朝鮮半島で戦火が切られた状況で伏見らの提案に科学者たちが反対の声をあげたのも頷けよう。

さて、原子力委員会の設置につづいて五六年五月に総理府の外局として国務大臣を長とする科学技術庁が設けられ、原子力局が総理府の内局から科学技術庁に移された。科学技術庁設置構想は占領期からあり原子力開発を目的とするものではなかったが、設置によって科学技術庁は、政府における原子力開発の組織的拠点となった。しかも、国務大臣である科学技術庁長官に就任したのは正力松太郎だった。さらに五六年六月には特殊法人日本原子力研究所が設立される。同年八月には原子燃料公社（六七年一〇月に動力炉・核燃料開発事業団＝動燃へ改組、その後核燃料サイクル開発機構、さらに二〇〇五年一〇月、日本原子力研究所と合併し、現在の日本原子力研究開発機構）とつづく。さらに五七年六月には原子炉等規制法が公布され、原子炉等の設置許可処分が定められた。このように、原子力開発に関する組織体制が矢継ぎ早に整えられていった。

産業界の原子力研究体制

こうした政府の原子力研究体制の構築に素早く反応したのは産業界である。一九五六年三月には、経団連の「原子力平和利用懇談会」、電力中央研究所の「原子力発電資料調査会」、電力経済研究所の「原子力平和利用調査会」を母体として、「原子力の平和利用」を一層推進することを目的に社団法人日本原子力産業会議（現・日本原子力産業協会）がつくられた。原子力産業会議の発足は、正力松太郎ならびに原子力委員でもある石川一郎・経団連初代会長のイニシアティブが大きかったとされる。原子力産業会議は、調査研究、情報の交換、民間と政府との協調を目的として掲げた。そこには製造業はもとより貿易、保険、金融などの企業が参加し、さながら原発開発における産業界の「ヘッドクオーター」（司令部）としての機能をもつことになる。

なお、原子力産業会議は原子力発電所の建設が進む一九七七年に、『原子力人名録』を発行した。これは「七六年一二月現在における産業界、学界ならびに官界の全分野にわたる原子力関係に従事する者の原則として係長クラスまでの役職者またはこれに準ずる職にある者」の氏名、生年、最終出身校、出身地を掲載したものだ。『原子力人名録』は、以降毎年発行されたが、二〇一一年三月の福島の過酷事故後、発行を停止している。最初の版には企業三〇〇、大学および原子力機関六〇が収録されている。そして年を追うごとに『原子力人名録』はページ数を厚くしている。個人情報の保護という観点からいうならば問題の多い人名録だが、「原子力ムラ」なる共同体の全体像にアプローチするのには貴重な資料といってよい。

原子力開発の研究者・技術者の養成

さきにみたように一九五四年度予算に「原子力予算」が計上された。当時を知る研究者は、これをもとに大学に配分された予算は「使い切れないほど潤沢だった」と回顧するが、大学もまた教育・研究体制の創設にむかった。一九五六年度から東海大学、京都大学、東京大学に相次いで原子核工学科、原子力工学科といった名称の学科（専攻）がつくられていく。また大学院レベルにおいても、五六・五七年度に大阪大学、東北大学、東京工業大学、京都大学に原子力工学専攻ないし原子核工学専攻が、若干遅れて六四年度に東京大学に原子力工学専攻が開設される。まさに大学、大学院は、原子力開発のための技術者、研究者の養成に舵《かじ》を切ったのであり、つい先年の学術会議における論争などまるでなかったかのような様相を呈した。このように原子力の教育・研究は国立大学に主導されたが、東海大学についても言及しておこう。これは総長の松前重義のリーダーシップによる。松前は東北帝大工学部を卒業して逓信省技官となる。戦後東海大学を創設し、また右派社会党の衆議院議員ともなるが、民間レベルの科学技術の進展に意欲をしめした。その具体的表れだった。

こうした大学の教育・研究とは別に五六年六月につくられた日本原子力研究所も、研究者・技術者の養成に取り組んだ。原子力研究所の原子炉研修所は、一九五九年度に一般課程と高級課程を開設した。前者の受講対象は「大学理工科系を卒業し、現在原子力関係の研究もしくは業務等に従事しているか、将来従事しようとする者」とされ、後者のそれは「大学理工科系卒業後、原子力関係の各分野において、もっぱら、各自の専門的研究をより深くすすめようとする者」とされた。また原子力研究所のラジオアイソトープ研修所も五八年から放射線管理技術者の研修を開始している。

大学・大学院や原子力研究所における原子力関係の研究者、技術者の養成とは別に雇用促進事業団の茨城県総合職業訓練所は、一九六二年度から原子力工業科を設けた。そこでは高校卒業程度の者を対象として原発等の運転に必要となる中堅技術者の養成がおこなわれた。

こうして大学・大学院、原子力研究所の高等研究機関における研究者・技術者の養成から職業訓練所における中堅ないし現場の技術者養成の体制が整えられ、原子力利用の人的資源づくりが進展する。学生たちは大学の研究者として歩む者、官僚（技官）として科学技術庁や通産省に勤務する者もいるが、それ以上に原発等の製造にかかわる重電メーカーや電力会社の技術者としての職を得ていくことになる。ひろい意味での原子力にかかわる専門知は、大学・大学院の教育・研究機関と民間企業に集積されていく。

これは日本の官僚機構の特質からいって当然の帰結だったといってよい。すでに論じたように法制官僚優位の構造は戦後においても変わらない。いかに「国策」を政治が強調しようとも、原発利用を誘導する技術官僚は魅力的ポストではないし昇進もかぎられる。政治にも原子力開発をリードする技術官僚を養成する意思は希薄である。この点については、のちに再度論じる。

重電メーカーによる原子力産業の構築

このように原子力利用のための研究者・技術者の養成体制が整えられていくが、産業界もまた「原子力産業」への意欲を高めた。一九五五年から五六年にかけて旧財閥企業が、それぞれ原子力利用の調査研究を目的にグループを結成する。そして五八年には三菱原子力工業、住友原子力工業が発足する。もちろん、日本企業に原子炉の開発・製造や核燃料の加工能力はなかったから、それぞれ外国（主としてアメリカ）企業と提携して事業展開することになる。

三菱原子力工業はアメリカのＷＨ（ウエスティングハウス）と提携してＰＷＲ型（加圧水型軽水炉）原子炉の開発に乗り出した。三井グループの中核である東芝もＷＨと提携しＢＷＲ型（沸騰水型軽水炉）原子炉について技術提携した。新興財閥である久原《くはら》財閥によって戦前期に創設された日立製作所は、ＧＥ（ゼネラル・エレクトリック）と技術提携した。また、旧古河財閥に属す富士電機は、イギリスのＧＥＣと提携し、のちに述べるコールダーホール型原子炉の日本原子力発電（原電）東海発電所建設の下請けとなった。住友グループは住友電工を中心として核燃料加工分野への進出をめざして、アメリカのＵＮＣ（ユナイテッド・ニュークリア・コーポレーション）と軽水炉燃料について技術提携した。そして、さきの『原子力人名録』にみるように、それぞれ傘下の企業を形成し拡大していったのである（西村厚「原子力産業の発展とその経済基盤」『原子力工業』第一七巻第一一号、一九七一年一一月、日刊工業新聞社）。

ところで、さきにみたように原子力委員長さらに科学技術庁長官に就任した正力松太郎は、五六年に「五年以内に原子力発電所の建設」をかかげた。そして、国策会社である日本原子力発電の東海原子力発電所の一号機がつくられ、一九六六年七月二五日に稼働した。これが日本初の商業用原子力発電所であり、原子炉はイギリスのコールダーホール型原子炉であった。これは黒鉛減速炭酸ガス冷却型の原子炉であり、経済性や安全性が疑問視された。一時的には東海原子力発電所に四ないし五基の設置が取り沙汰されたが、結局イギリスからの原子炉輸入はこれ以上続かなかった。

電力会社は一九五〇年代から六〇年代前半には原子力発電に関心をしめしつつも依然として火力・水力発電からの転換には消極的であった。原発産業に進出を図った三菱、東芝、日立などは停滞をみる。こうした状況は原子力産業の歩みを停滞させたが、六〇年代後半に入ると原子力産業に

「好機」が訪れる。

幾つもの要因が指摘されているが、ひとつには驚異的な高度経済成長が電力需要を増大させたが、同時に石油需要の急伸による原油への「危機感」の高まりである。今日からいえば一種の「笑い話」だが、世界的に原油埋蔵量の限界が真実味をもって学問的にもマスコミでも大きなトピックスとなった。これに追い打ちをかけたのが、一九七三年の第一次石油危機であった。アラブ民族主義の台頭によって原油産出国は外国資本の原油採掘企業の国有化を進めるとともに、OPEC（石油輸出国機構）による産出量と原油価格を統制した。重厚長大型産業によって高度の経済成長を図ってきた日本にとって、一大危機であり高度経済成長の「終焉《しゅうえん》」であった。一方において、すでに一九六〇年代から石油エネルギーの大量消費による公害問題は大きな政治的かつ社会的問題であり、エネルギー構造の転換が問われていた。こうした状況下の一九六〇年代半ばには、WHやGEの軽水炉の「経済性」が評価され、原子力産業を勢いづかせた。

電力各社による原発設置と電源三法による利益誘導

こうした状況の中で電力会社は原発への関心を高め、主力電源として原発の建設を推し進めていく。一九五一年五月に国営の日本発送電が分割民営化され、東電・関電をはじめとする九電力体制がつくられた。電力会社は地域独占企業である。極端にいえば、ほとんど経営努力を重ねなくとも経営危機に陥る企業体ではない。一九六〇年代には東電、関電は原子力発電所の建設に着手し、一九七〇年には日本原電の敦賀《つるが》原子力発電所一号機と関西電力美浜原子力発電所一号機、七一年に東京電力福島第一原子力発電所一号機が営業運転を開始した。これ以降、関電、東電を筆頭として沖縄電力を除く九電力のすべてが原子力発電所の建設を進めていく。

原発の推進には「科学の進歩による夢のエネルギー」「廉価でクリーンなエネルギー」といった政府・電力会社・原発企業の喧伝に同調する動きも大きかったが、一方において立地予定地域を中心として「未完の技術体系」への危惧も強かった。折しも、一九七四年九月一日、日本初の原子力船「むつ」が航行試験に出航してすぐに放射能漏れを起こし、帰港できずに海洋を漂うという事態に陥った。マスコミはこの事故を大々的に取り上げ、徐々に進んでいた原発反対運動が盛り上がる。

田中角栄政権は原発の「パブリック・アクセプタンス」(社会的合意)を促すとして、一九七四年に「電源三法交付金」制度を設けた。電源三法とは、電源開発促進税法、電源開発促進対策特別会計法、発電用施設周辺地域整備法をいう。電力会社は販売電気一〇〇〇キロワットあたりに課せられた電源開発促進税を納付する。法的な納税者は電力会社だが、これは電気料金に上乗せされたから、実質的には市民へのあらたな税の賦課である。電源開発促進税は右の特別会計で管理され、そこから電源立地地域対策交付金として特定のメニューにもとづき、立地自治体と周辺自治体に交付される。交付の起点は環境影響評価の開始の翌年度である。そして原発が稼働して一〇年にわたって交付金が支出される。なお、二〇〇三年に電源立地促進対策交付金、電源立地特別交付金などが統合され、新たな電源立地地域対策交付金がつくられ、対象事業が拡大されている。

原発が「全盛期」の二〇〇三年度に資源エネルギー庁がしめした、出力一三五万キロワットの原発が建設されたばあいのモデルケースでは、運転開始までの一〇年間の交付金の合計は三九一億円、運転開始翌年度から一〇年間の交付金および固定資産税収入の合計額は五〇二億円に上る。「パブリック・アクセプタンス」とはいうが、原発の建設が経済的に「貧困」な地域をターゲットとして進められたことが良くわかるというものだ。また、交付金は原発の老朽化とともに減少する。固定資産税も減価償却に応じて減収となる。東京電力柏崎刈羽原発の七基の原子炉が典型だが、同一敷地内に多数の原発が次々と建設されていった理由もそこにある。原発立地自治体はこうした巨額の交付金を前にして、原発への批判勢力の抵抗を抑えていった。交付金や固定資産税収入だけでなく、建設作業員や操業にともなう数々の雇用の機会が増加し、さながら「原発城下町」の様相を濃くしていったのである。いうならば、電源三法交付金は、原子力ムラなる巨大利益共同体の底辺の拡大に機能したのである。

原子力ムラの盟主としての電力会社

三菱・東芝・日立を筆頭とする原子力産業にとって電力会社は最大の顧客である。しかも一般的な商取引における顧客ではない。歴代経団連会長の所属企業をみれば一目瞭然だが、電力会社は地域独占企業として重電メーカーとならぶ財界の盟主であり、政治・行政に絶大な影響力をもった。電力会社ならびに原発産業の重電メーカーは、「共同体」としての関係を深めただけではない。さきにみた大学・大学院で養成された科学者・技術者を大量に雇用し専門知を集積していった。大学・大学院の研究者は電力会社や原発産業から研究助成金を受けるとともに、一段と関係を深めたのである。しかもこれら企業の傘下には、さきに『原子力人名録』に言及したが、きわめて多数の企業が連なる「共同体」がつくられていった。そしてこうした「共同体」を「底辺」でささえたのが、電源三法交付金や固定資産税、法人税、核燃料税収入で「潤う」原発立地ならびに周辺自治体であったといってよい。もちろん、立地自治体住民の漠とした期待を背景とする地方政治家こそが、「底辺」のアクターである。二〇一九年に関西電力幹部と福井県高浜町の元助役との癒着《ゆちゃく》が大々的にマスコミ報道されたが、不透明な関係をともなうものでもあった。

3・11の過酷事故後、「原子力ムラ」なる言葉が一躍流布したが、基本的には国家（政治）主導の利益共同体であるといってよい。かりに国家が原子力開発を主唱しなかったならば、この共同体はつくられなかったであろう。その意味では「国家主導の共同体」に外ならない。だが、「共同体」の実質的支配者は、地域独占企業である電力会社と、旧財閥系企業を頂点としてつくられた企業体であるといってよい。

また「国家主導の共同体」とはいうが、専門知の観点からいえば、大学・大学院の原子力工学などの専門家とかれらの教育のもとで育った電力や重電メーカーの研究者・技術者を核心とする「共同体」であった。なかでも「電力会社の経営など誰でもできる」とさえいわれた地域独占企業である電力会社こそ、専門知の支配者だったといえよう。電力会社の研究者・技術者は、原子炉を核とする原子力発電所の建設ばかりか、実は建設にもまして重要な原子力発電所の運転の知見と技術を独占していったのだ。

無能な行政機関にささえられた成長

3・11過酷事故をうけてアメリカの原子力規制委員会（NRC）が日本に派遣した調査チームの長であったチャールズ・カストーは、日本の原子力規制機関の一つである経済産業省の原子力安全・保安院を「この組織には能力がない」と述べる（『東京新聞』二〇一二年五月二〇日付、夕刊）。実際、3・11の過酷事故への対応はもとよりそれ以前の事故への対応は、能力ある原子力規制機関とはいえないであろう。

原子力開発（規制）行政を構成する行政機関は、一九七八年に原子力安全委員会が設置されるまで、概ねつぎのような役割（権限）を担った。①総理府の外局である科学技術庁（原子力局）が、原子炉等規制法にもとづく原子炉の設置許可にかかる審査と設置許可処分を担った。法的な設置許可の処分権限者は、科学技術庁が総理府の外局であるから科学技術庁長官ではなく首相。②原子力委員会は開発計画の策定、安全基準・指針の策定を担った。③電気事業法の所管省である通産省は、電気事業法にもとづく設備の詳細設計についての許可や定期検査を担当した。

こうした規制機関の権限関係だけに注目すれば、原子力委員会や科学技術庁原子力局は、原子炉の設置について審査権限を行使できることになる。だが、初期の原発は、さきに述べたようにアメリカのGEないしWH製であり、これら二社と技術提携した東芝、日立、三菱は、いわば下請けであった。しかも、これら重電メーカーも触れることのできないブラックボックスをふくむものである。まさにアメリカに従属した原発開発だった。くわえて、原子力委員会の事務局を務める科学技術庁原子力局は、原発の安全審査を縦横になしうる情報と能力をもつ技術官僚から構成されていたわけではない。つまりは、日本側の原子力行政機関は、独自の審査を実施する条件も能力も欠いていた。電力会社を盟主とする「原子力ムラ」は、まさに「無能」な行政機関にささえられ成長したといえる。

原子力安全委員会の設置

こうした状況は原発が主要電源として増設される一九八〇年代以降も基本的に変わらなかった。一九七五年二月、さきに触れた原子力船「むつ」の事故を機として高まった原発への不信感を「払《ふっ》拭《しょく》」するとして、三木武夫政権は首相の私的諮問機関として原子力行政懇談会を設置した。委員は座長の有沢廣巳（東京大学名誉教授）、石原周夫《かねお》（日本開発銀行総裁）、圓城寺次郎（日本経済新聞社社長）、林修三（元内閣法制局長官）、伏見康治（名古屋大学名誉教授）をはじめ、労働組合代表、原子力学者、福島県知事ら一三名だった。原子力行政懇談会は、七五年一二月に「中間報告」をまとめ、七六年七月三〇日に最終報告書である「原子力行政体制の改革、強化に関する意見」を三木武夫首相に提出した。

最終報告は第一次石油危機を踏まえて原子力発電を基幹電源と位置づけたうえで、原子力開発にたいする国民の不信感を払拭するために、既設の原子力委員会を新たな原子力委員会と原子力安全委員会に分割し、安全規制を強化すべきとした。また最終報告は、「原子力安全行政に関する批判の多くが、基本的な安全審査から運転管理に至る一連の規制行政に一貫性が欠けている点」にむけられているとして、今後は実用段階に達した発電用の原子炉に関するものは通産省、実用船舶用原子炉については運輸省、試験研究用原子炉と開発段階にある原子炉については科学技術庁が、設置から安全規制までの規制権限（設置許可処分等）を、一貫して担うべきだとした。

政府は最終報告に沿うかたちで、一九七七年三月に原子力安全委員会の設置などを内容とする原子力委員会設置法改正法、原子力施設の安全規制権限の所管庁などを内容とする原子炉等規制法をはじめとする改正法案を国会に上程した。一連の法案は七八年四月に衆院を、六月に参院を通過成立し七月に公布された。この結果、七八年一〇月に原子力委員会が改組され、五人の委員からなる原子力安全委員会が発足した（初代委員長・吹田徳雄・大阪大学名誉教授）。また原子炉の種別に応じた開発・安全審査・設置許可権限が定められた。発電用原子炉の設置許可についていえば、従来の内閣総理大臣から通産大臣に変更された。

虚構のダブルチェック体制

原子力行政懇談会が意図したことは、制度論としていうかぎり原子炉の開発から安全審査、設置許可にいたるプロセスにダブルチェック体制を築くことであったろう。だが原子炉の用途別に所管省を定めたものの、いずれも内閣統轄下の省庁である。原子力安全委員会も総理府（二〇〇一年以降は内閣府）の審議会等という位置づけである。しかも、実質的な審査機能をもつ事務局は科学技術庁原子力安全局であり、内閣統轄下の機関である。そもそも原子力開発を国策とし、さらにそれを具体化する通産省等の官僚機構が厳格な規制・監督をなしうるだろうか。それ以上に、それだけの能力をもつ官僚を抱えているのか。一方において、原子力安全委員会は、原発推進の専門知によって構成され（二〇一二年の廃止までの委員長は**表6**）、事務局は科学技術庁原子力安全局だ。ようするに、ダブルチェック体制とはいうものの、そもそも、任務である安全審査・規制を実施する機関としての「独立性」が低いのだ。

原子力安全委員会の発足から五か月後の一九七九年三月二八日午前四時、アメリカ・スリーマイル島原子力発電所（加圧水型軽水炉）の重大事故が発生した。加圧水型軽水炉を用いた原発は、関西電力を中心として西日本の電力各社が設置している。スリーマイル島原発事故は、発足間もない原子力安全委員会の「真価」を問うものであった。

じつは、この事故の一か月前の七九年二月二四日に関西電力は、定期検査中の加圧水型軽水炉である美浜原発三号機で制御棒案内管のボルトにひび割れが見つかったと発表した。だが、これは前年九月に起きた事故であり関電はそれを隠していたのだ。それだけではない。美浜原発一号機では七三年三月に燃料棒の損傷事故が発生していた。これを隠し切れなくなった関電は、七六年一二月

表6　原子力安全委員会の歴代委員長と在任期間

吹田　徳雄	1978年10月21日～1981年11月16日
御園生圭輔	1981年11月16日～1987年12月24日
内田　秀雄	1987年12月25日～1993年2月16日
都甲　泰正	1993年2月17日～1998年4月20日
佐藤　一男	1998年4月21日～2000年4月7日
松浦祥次郎	2000年4月7日～2006年4月16日
鈴木　篤之	2006年4月17日～2010年4月20日
班目　春樹	2010年4月21日～2012年9月19日

に渋々公表した。通産省と科学技術庁は事故の原因究明が終わるまで運転再開を延期すべきと指示したとされるが、関電はそれを無視して原子力安全委員会の発足直後の七八年一〇月五日に運転を再開したが、原子力安全委員会が、その見直しをもとめることはなかった。

美浜原発一号機の事故の公表をうけて加圧水型軽水炉はつぎつぎと定期点検の予定を早めたが、そのいずれでも損傷が見つかった。そのうちの一つである関電大飯原発一号機が、スリーマイル島原発事故の起きた前日の七九年三月二七日に運転を再開した。さすがに加圧水型軽水炉に「危惧」を憶えた原子力安全委員会は、四月一四日に大飯原発一号機の運転停止と安全解析をもとめた。四月二四日に関西電力は解析結果を公表し、原子力安全委員会はそれを承認し五月一九日に運転再開を認めた。そればかりか、原子力安全委員会は、新たなチェックリストをしめして点検をもとめることはなかった。

原子力安全委員会は、その後も重大事故に次々と当面する。なによりも、一九八六年四月二六日、ウクライナ(旧ソ連)のチェルノブイリ原発四号機が未曾有の過酷事故を引き起こした。だが、これにたいして原子力安全委員会は、チェルノブイリから八〇〇〇キロメートル以上離れている日本であり放射性物質による国民の健康への影響はないと思えるとし、またチェルノブイリ原発の原子炉は黒鉛減速軽水冷却炉であり日本の原子炉とは構造が異なるが、日本の安全規制に反映させるべき点があるかどうか調査するとした。事故の直接的原因は今日にいたるまで完全に解明されていない。日本の安全規制に反映させる点の有無といってみても、所詮、難しいことは委員会には分かっていたことであろう。それよりも、放射性物質の人体や環境への甚大な影響を調査すべきだったろうが、原子炉の構造が異なる＝日本では起こりえない過酷事故という「信念」（「信仰」）に支配されていたというべきだろう。

その後も、動燃の高速増殖原型炉「もんじゅ」の約七〇〇キログラムのナトリウム漏れ事故（一九九五年一二月八日）、同じく動燃の東海事業所再処理工場アスファルト固化処理施設の火災・爆発事故（九七年三月一一日）が続く。これらの事故が動燃および科学技術庁の安全審査と設置許可にもとづくのは当然として、専門知から構成された原子力安全委員会の責任も大きい。

さきにも一部触れているが、ダブルチェック体制とはいうが、内閣統轄下の原子力開発を推進する機関を第一義的規制機関とし、おなじく内閣のもとにある原子力安全委員会にそれをチェックさせようとしても機能するものではない。しかも、専門知の観点からいえば、原子力安全委員会（科学技術庁原子力安全局）と電力会社・動燃・重電メーカーの研究者・技術者は、科学・技術的思考において同一平面に立脚しているばかりか、専門知の質量および政治的影響力において電力会社の方が圧倒的に優位な状況にある。

原子力規制行政の強化を名目とする二〇〇一年改革

二〇〇一年一月の行政改革は、中央省庁の大規模な再編成として名高いが、この行政改革は原子力規制行政にも重要な変化をもたらした。一つは首相主導体制を確立するとして内閣府を創設したことである。内閣府は国家行政組織法の対象機関とされず独自の設置法によってつくられた。原子力安全委員会は原子力委員会とともに内閣府の諮問機関とされた。

もうひとつは、中央省庁の再編に伴う改革である。旧通商産業省は他省庁との合併などを免れ経済産業省として名称変更にとどまったが、経産省の外局である資源エネルギー庁の「特別の機関」として原子力安全・保安院がつくられた。改革のタテマエとしては複数の省庁に分散していた原子力規制機関を一元化し規制行政の機能強化を図るものとされた。しかし、経産省は電気事業法の所管省であり資源エネルギー庁は電力会社の監督官庁である。業についての規制・監督とは、日本の行政においては直截的な権力的規制を意味しない。すでに述べたように、「官僚制に仕切られた市場」をつくることで業界利益を守ることを意味している。そのような資源エネルギー庁の「特別の機関」として原子力安全・保安院を設置し規制の一元化を図るといってみても、その実効性は乏しい。しかも、原子力安全・保安院は「独立機関」ではない。人事は省全体でおこなわれており、官僚の異動は頻繁である。一方において、原子力安全委員会は内閣府の諮問機関として政権の意向が直接伝わる組織である。

こうした事態を端的に表したのが、原子炉・原発の耐震設計基準問題だろう。一九九五年一月の阪神・淡路大震災を受けて原子力安全委員会は、一九八一年に定めた「発電用原子炉施設に関する耐震設計審査指針」(旧指針)の改訂作業を開始するとした。だが、新耐震設計審査指針に改訂したのは、実に一一年後の二〇〇六年九月だった。新耐震設計審査指針の要点は、考慮する直下地震の規模をマグニチュード六・六程度に引き上げる（旧指針は六・五）としたうえで、活断層の評価を一二万～一三万年前までに拡大し（旧指針では五万年前まで）、鉛直方向（上下）の地震動、敷地ごとに震源を特定して策定する地震動、震源を特定しないで策定する地震動、さらに地震随伴現象（周辺斜面の崩壊、津波など）を明記する、としたことだ。

たしかに、旧指針に比べれば新指針は一段ときびしくなっている。しかし、阪神・淡路大震災を機に見直すとしたものの、一一年の時間の経過は、原子力安全委員会が緊張感をもって地震による原発の破壊可能性をとらえていなかった証左といってよいだろう。3・11の過酷事故後、原子力安全委員会の一委員は、巨大地震の襲来を「まったくの想定外」と語り批判を浴びたが、「絶対安全」神話は専門知を支配していたのだ。

それだけではない。この新指針は、原子力安全委員会の原子力安全基準・指針専門部会指針検討分科会がとりまとめ委員会が決定したものである。だが、分科会の委員の過半数が、電力会社の業界団体である日本電気協会の委員を兼務していた。脱・反原発市民運動や専門家は、新指針について既存の原発が一基たりとも「不適合」とならないように設計されたものときびしく批判したが、すでに幾度か述べているように、原子力ムラの「ドン」といってよい電力会社に原子力安全委員会とその専門知は従属していたといえよう。

それは原子力安全・保安院も同様である。原子力安全・保安院は、電力各社に旧指針にもとづいて設計された原発の再評価（バックチェック）を指示した。だが、電力各社はバックチェックに着手したものの「中間報告」を提出して終わった。原子力安全・保安院も原子力安全委員会も、それ以上のバックチェックを電力各社にもとめなかった。

ダブルチェック体制の廃止は適切なのか

原子力安全委員会も原子力安全・保安院も「原子力安全規制」の名のもとに、電力会社や重電メーカーの「保護」を図ったといってよいだろう。言い方をかえれば、巨大な利益共同体の「虜《とりこ》」であり、原子力安全委員会や原子力安全・保安院の科学者・技術者は電力会社を盟主とする利益共同体の従属者にすぎない。

東日本大震災を引き起こしたマグニチュード九・〇の巨大地震は自然現象だ。いかにその災禍を小さく抑え込むかが、政治はもとより科学者の責務といってよい。個々の科学者の推定や対策の科学的・技術的能力には限界があるからこそ、政治の掲げる「国家目標」から自律した営みがもとめられるのだ。ダブルチェック体制も、制度理念としていうかぎり、そのための工夫の一つだ。しかし、いまや、ダブルチェック体制は廃止されている。

本章の前半で述べたように、3・11過酷事故を踏まえて新たな原子力規制機関として原子力規制委員会がつくられた。原子力安全委員会そして経産省の原子力安全・保安院は廃止された。原子力安全規制は原子力規制委員会―原子力規制庁に一元化された。つまりは、原子力安全規制のダブルチェック体制は廃止されたのだ。

原子力規制委員会の立法を担った政権党であった民主党も野党だった自民党からも、原子力規制行政の一元化による安全規制の高度化は語られたが、ダブルチェック体制の必要性はまったく論じられなかった。しかも、原子力規制委員会の事務局とされた原子力規制庁は、旧原子力安全・保安院の「衣替え」にも等しく、原子力安全・保安院の「幹部」がそのまま横滑りした。行政委員会であることが政治からの「独立性」と「自律性」を保障するというのは、まったくの幻想にすぎない。ここで必要とされるダブルチェック体制とは、政権から高度に独立した安全規制の監視機関をつくることだ。

それは国会の付属機関として構想することもできるし、また内閣・国会の双方から「独立」した組織として構想することもできよう。また、原子力規制委員会にもいえることだが、委員は原子力工学等に偏重した専門知のみではなく、ひろく人文・社会科学の専門知をくわえて、人間存在と原発に関する判断能力を深めていくことが重要なのだ。

「原子力ムラ」が教えるもの

さて、これまで「原子力ムラ」なる巨大な利益共同体の成長とその本質をみてきた。この過程において注目しておきたいのは、政治が原子力開発・安全規制に有意な役割を果たしていないことだ。政治は原子力開発の初期段階において「原子力予算」の編成や「原子力三法」の制定に大きな役割を果たした。しかし、それは高度にイデオロギー的な政治課題の追求であった。原発が次々と増設され、安全規制が大きな社会的関心となるなかにおいて政治が果たしたのは、電源三法交付金に象徴されるように、この国の政治に伝統的な「お供物・ご利益」政治というべき利益誘導政治であった。

政治家に専門知と同レベルの科学的・技術的知見をもとめることは、土台、無理な話である。またそれが「好ましい」ことともいえないであろう。「科学的知見」の衣を纏った政策・事業が展開され、人権の保障や自由・平等といった普遍的価値の順守とは真逆の事態が生み出されかねないからだ。らい予防法や優生保護法は、ひとつの典型といってよい。

とはいえ、政治は社会的問題事象を発見する科学的思考とそれにもとづく政策思考を備えていなくてはならない。政治にもとめられる科学的思考とは、社会的問題事象に市民の目線に立って接近し、問題事象の要因を洞察する能力である。こんなことは、本来、政治家たる者のエートスであり、あらためて強調せねばならないことではないだろう。

ところが、「国家」を強調する政治家は、原子力を経済発展と関連づけ、人びとの「生活の豊かさ」をもたらすと強調し続けた。その結果が、繰り返すまでもなく3・11である。かれらにとっては「国家」あっての市民であり、市民の権利や自由のもとに「国家」なる擬制の共同体があることなど、思考の埒外《らちがい》にある。一方において、現世的利益の追求に走る政治家が多数存在する。結局のところ、原子力なる巨大なかつ人間による制御がきわめて難しいエネルギーへの洞察力を欠いているのである。この意味で、「原子力の平和利用」に邁進してきた政治は、法螺貝《ほらがい》を吹き鳴らしてきただけなのだ。

こうした状況のもとでは、「原子力ムラ」の専門知も政治のレベルを超えるものとはならない。科学者にとって人間の手に負えないと思われる事象の本質を解明し、制御可能な道を追究することは学問的な喜びであり、それを目標として歩んできたといえよう。ただし、理論的に制御可能性があることと、技術的システムとのあいだには大きな壁がある。制御可能とするシステムの社会的意味に思考がおよばないならば、それは「素朴な科学主義」でしかない。企業の社会的責任をいいつつも、利潤の極大化の追求が本質である企業にとって素朴な科学主義に立つ科学者・技術者を抱え込むことは、ある意味で当然である。こうして作られた原子力ムラにたいして政治が異論を提示する能力を持たないのは、再論するまでもない。

こうした専門知の「視野狭窄《きょうさく》」と空虚な政治は未曾有の原発事故を招き込んだが、それは一つの典型的事態であって、現代日本の各種の政策展開は、社会的公正や平等といった普遍的価値を損なっていよう。いま改めて考えねばならないのは、専門知のもつべき社会的責任であり、専門知と政治の関係であるといってよいのではないか。それを次章で考察しよう。

4章 新型コロナウイルス感染症対策——専門知は政治と対峙しているか

「合理的判断」と行動の正当さ

政治が特定の価値にもとづき法制度の創設や既存法体系の解釈を変更するのは、日常茶飯の行動である。だがそのすべてが政治とその指示をうけた官僚機構によってなされているわけではない。政権がまとめた法案や解釈の変更案を「氷山」とするならば、水面下において専門知のアドバイスや利害関係団体との折衝・調整が繰り返されている。ところが、すでにみたように、事案の重要性にもよるが、特定の専門知を動員し、しかもかれらが、前面にでて「施主」である政権の意に沿う設計図をまとめる事態が、とりわけ安倍晋三政権以降顕著である。

一方で、政治（政権）の高次のイデオロギー的指向性を背景として、専門知が経済的利益と結びつきながら、事案を決定している事態も顕著だ。かれらは「合理的判断」であると自らの行動の正当さを主張する。疑問の提示者や批判者は「合理的な判断のできない者」となる。だが、そのように批判する専門知の判断は、きわめて限定された認識空間のものでしかない。こうした事態は前章で述べた「原子力安全規制」に嫌というほど見せつけられてきた。

どちらのパターンであっても、問われなくてはならないのは、政治と科学より直接的には、政治と専門知の関係である。この大規模かつ複雑きわまりない社会において、政治の専門知への対応、そして専門知の政治への立ち位置のありようが、社会のゆくえを左右するといえよう。二〇二〇年の年頭から社会を揺るがせている新型コロナウイルス感染症は、政治と専門知の関係をきびしく問うものである。

未知の感染症の襲来

二〇二〇年一月、前年に中国武漢市を襲った新型コロナウイルス感染症が、日本に上陸した。二〇一九年一二月ごろから武漢市において急性呼吸器疾患の集団発生が起きているとされた。中国政府がこれをWHO（世界保健機関）に報告したのは、一九年一二月の大晦日だった。SARS（重症急性呼吸器症候群）、MERS（中東呼吸器症候群）あるいは新型インフルエンザと同様、ウイルスによるものであろうとは推定されていたが、疾患の原因は究明されていなかった。とはいえ、国際的にヒト・モノの大規模な移動が日常である時代だ。まして隣国・中国での異変は当然短期間で日本に伝播する。それにもかかわらず、安倍政権そして検疫をはじめ業務に直接関係する厚生労働省の動きは、どことなく「長閑《のどか》」だった。

こうした状況が一転する契機となったのは、横浜港に寄港した大型クルーズ船・ダイヤモンド・プリンセス号の乗客から多数の感染者がでたことだった。感染者の隔離や検査体制にたいする厚労省の対応の拙《つたな》さはのちに多くの批判を呼ぶのだが、政府は未知のウイルスによる感染症に取り組まざるをえない状況におかれた。まさにここから新型コロナウイルス対策をめぐる政権（政治）と科学者の関係が、かつてない議論を呼び起こした。

かりに新型コロナウイルスによる感染症（COVID‐19）のパンデミックが数年のうちに収まるとしても、新たな感染症の襲来がないとはいえない。それゆえ、政治（政権）がどのような関係を専門知との間に築くのか、また専門知はいかなる思考のもとで政治に助言するのか、政治と科学のあり方は今後とも避けて通れない重要性をもっていよう。

対策本部と専門家会議の設置

安倍政権は二〇二〇年二月一四日、内閣の対策本部と新型コロナウイルス感染症対策専門家会議（以下、「専門家会議」）を立ち上げた。新型コロナウイルス感染症対策に安倍晋三をはじめとした政権（菅政権をふくむ）が、どれほどの科学的リテラシーを有しているか、またそれを向上させていく努力を重ねたか、ということについては多くの疑問符がつく。感染症の伝播が危惧されだした当初のことでいえば、北海道から沖縄の南端まで「突然」のように発表された全国すべての小中高校と特別支援学校の「閉鎖」要請などその端的な事例だろう。だが、いかに国家主義と新自由主義に邁進する政権とはいえ、感染症のゆくえを楽観視できる状況ではなかった。

専門家会議は厚生労働省がダイヤモンド・プリンセス号の日本寄港を前にして設けたアドバイザリーボードをもとにして、内閣レベルに設けた助言機関である。会議の構成員は**表7**のとおりである。公衆衛生学や感染症の専門研究者にくわえて、弁護士、日本医師会常任理事もメンバーとされた。

この専門家会議は、二〇二〇年七月に新型コロナウイルス感染症対策分科会（以下、「分科会」）として、知事や経済研究者をくわえて再編された。ただし、専門家会議＝分科会を通じてコアメンバーに変化はない。また、厚労省のアドバイザリーボードも存続している。

ある特定の問題事象の発生に対応して専門家からなる諮問会議を設ける政治手法は、特段目新しいものではない。すでにこれまでの章でみてきたように、政権の政策アドバイザーとして活用する、あるいは政策・事業の原案の作成をゆだねるといった行動が繰り返された。そうであるからこそ、こうした諮問会議のメンバーの基本は、政権に親和的、少なくとも政権の意思に対する異論を公的に明らかにしない人物の登用におかれてきた。

今回の専門家会議の構成をみるならば、こうした過去の人事方針はかなりの程度あてはまるであろう。しかも、元が厚労省のアドバイザリーボードであるから、厚労省と組織的関係の深い専門家が中心となるのは、ある意味で当然のことである。座長に任命されたのは国立感染症研究所所長の脇田隆字であり、副座長（のちに新型コロナウイルス感染症対策分科会会長）は、厚労省所管の独立行政法人地域医療機能推進機構理事長である尾身茂だ。とりわけ、尾身茂は専門家会議および分科

表7　新型コロナウイルス感染症対策専門家会議構成員

○脇田　隆字	国立感染症研究所所長
□尾身　　茂	独立行政法人地域医療機能推進機構理事長
岡部　信彦	川崎市健康安全研究所所長
押谷　　仁	東北大学大学院医学系研究科教授
釜萢　　敏	公益社団法人日本医師会常任理事
河岡　義裕	東京大学医科学研究所感染症国際研究センター長
川名　明彦	防衛医科大学校教授
鈴木　　基	国立感染症研究所感染症疫学センター長
舘田　一博	東邦大学医学部教授
中山ひとみ	弁護士
武藤　香織	東京大学医科学研究所教授
吉田　正樹	東京慈恵会医科大学教授

（注）肩書きは発足時。○は座長、□は副座長

会を通じてリーダー的役割を果たしている。

尾身茂は自治医科大学の第一期生であり卒業後、義務づけられている僻地《へきち》診療をへて、医系技官として厚生省に入省する。その後、厚生省からＷＨＯ（世界保健機関）に派遣されエボラ出血熱などの対策を担当した。帰国後、自治医科大学教授に就任したが、学長選挙に出馬して敗れる。自治医科大学を去った尾身は、現在所属する機構の前身である独立行政法人年金・健康保険福祉施設整理機構の理事長に就任した。現在の職は直接研究事業に関係するものではないが、ＷＨＯでの二〇年にわたる活動経歴が物語るように、公衆衛生の観点から感染症対策に取り組んできた専門家であるといってよい。こうした経歴が、後述のように東京オリンピック・パラリンピックを間近にして、政権との軋轢《あつれき》を生みだしたともいえよう。とはいえ、二〇二〇年初頭からの専門家会議および分科会の政権への対応には、多くの疑問が投げかけられたのも事実だ。

医系技官と担当大臣

政権に未知のウイルスによる感染症の伝播にたいするそれなりの「危機感」があったのは否定しないが、そもそも政権が真摯に専門知の活用を追求したのかは、かなり疑わしいといってよい。

幾点もの疑問が生じるが、なによりも重大なのは専門家会議の副座長に医系技官をすえたことだ。厚生労働省というよりも旧厚生省は、医師免許をもつ医系技官を多数擁してきた。ただし、その中心は公衆衛生の医系技官だ。一九三八年の厚生省の設立（陸軍に主導された内務省からの独立）以来、厚生省のミッションは、結核をはじめとした衛生行政の徹底であり、公衆衛生分野の医系技官は、まさにこのミッションの遂行を任務としてきた。

すでに旧聞に属すけれども、薬害エイズ事件当時における旧薬務局生物製剤課は公衆衛生分野の医系技官を課長など幹部とする組織だった。公衆衛生分野の医系技官の行動は、伝染病等の社会的問題事象に対して的確な法執行を図ることであって、感染症の科学的解明とエビデンスにもとづく政策の立案・執行にあるわけではない。同時に感染症の科学的解明の専門能力をもつわけではない。したがって、血友病患者から多数のエイズ罹病者《りびょう》が出ていることを基本前提として、エイズ研究班を立ち上げた。だが、エイズ研究班の血友病専門医は、感染症やウイルス学の専門家でないばかりか、血液製剤の国内トップメーカーであったミドリ十字と緊密な関係にあった。それだけでなく、ミドリ十字は歴代薬務局長や幹部の「天下り先」であった。つまり、公衆衛生分野の医系技官は、個人の権利や自由の保護・規制によって公共の安全や秩序の維持を図ろうとする行政警察の伝統を引きずっており、事務官＝法制官僚と行動様式において大きく変わるところはないといってよいのだ。

こうした厚生労働省官僚機構の特質を踏まえるならば、未知のウイルスに取組む専門家会議は、医系技官をトップに据えるのではなく、より科学的真理の究明を指向する専門家を中心として構成されるべきなのだ。「先例踏襲」あるいは政権の「補佐・補助」といった官僚制行動から距離をおく専門家集団こそが必要とされていよう。

一方で政権は、新型コロナウイルス感染症の担当大臣に西村康稔・経済再生担当大臣を任命した。COVID-19が日本のみならず世界の経済にとって「脅威」であることは、いうまでもない。だが、この人事は西村担当相の資質の次元の問題ではなく、政権の政治指向を端的に物語る。医療体制を重視せねばならないのは当然としても、政治の眼は経済はもとより社会システムの全般におよばなくてはなるまい。実際、生活に困窮する人びとを急増させたばかりか、教育システムにもダメージをもたらした。したがって、政権の感染症対策は複数の省におよばざるをえない。COVID-19の担当大臣は、政権側のヘッドクオーター（司令部）として機能しなくてはならない。その意味では、経済再生担当大臣が感染症対策の担当大臣を兼務するのではなく、各省から相対的に独立し状況を俯瞰できる科学的思考をそなえた人物をヘッドクオーターに据えるべきなのだ。第二次安倍政権以来の大きな特徴だが、〇〇担当大臣が濫設されている。権限もスタッフも明確でなく、仕事をしているようにみえながらも、無責任な政治と行政を推し進めていよう。

自治体との協働体制の重要性

さらに、新たな感染症対策は、活動的な専門家集団と割拠的な省庁にリーダーシップを発揮する体制がつくられようとも、自治体との協働を抜きに機能するものではない。PCR検査体制の充実にしてもワクチン接種、さらに緊急事態宣言による地域経済活動の制限にしても、中央政府が集権的に実施しうるものではない。自治体の首長とりわけ知事や政令市市長らとの協働体制をつくり機能させなくてはならない。専門家会議を分科会に再編した段階で知事がくわわっているものの、ワクチン接種ひとつをとりあげても、協働体制がつくられたとはいえないであろう。

とりわけワクチン接種については、政権の側に自治体との協働体制の指向などまったくみられない。二〇二一年四月段階では、外国メーカーからワクチン輸入の見通しが不確実であった。それが一転して供給量がふえると自治体によるワクチン接種にくわえて、東京・大阪に防衛省・自衛隊による大規模接種会場を設けた。だが、予約は芳しくなかった。当然であろう。高齢者が都府県境を越えて複数の交通機関を乗り継いで来訪するはずがないだろう。この程度のことを想定できない政権・官僚機構の思考は「笑い話」にもならない。その後、この大規模接種会場の「不人気」をふまえて、接種対象者の条件を緩めているが、自衛隊の医官や看護師などを動員した大規模接種なる施策の失敗を取り繕うものでしかない。自治体におけるワクチン接種には、接種要員の少なさが問題視されているところもある。接種要員に各地に駐屯する自衛隊員の人材を使うとしても、ワクチン接種問題は政府と自治体の協議と連携・協働の欠如を物語っている。

COVID-19に高度の有効性をもつ治療薬が創薬されていない現在、予防薬としてのワクチンへの関心が否応なく高まる。政府の役割は国内製薬メーカーによるワクチン開発がまったく遅れているのだから、なによりも外国メーカーと協議しワクチンの必要量を確保することだ。そのうえで自治体への「公正」な配分に努めることだ。自治体との連携・協働がこの事例一つを取り出しても重要であることが分かるであろう。政権側に自治体との協働の意思が希薄ならば、全国知事会をはじめとする自治体側は、協議テーブルの設置を提起すべきなのだ。同時に政権は、専門家会議に積極的に意見をもとめるべきなのだ。ワクチンの接種は疾病の予防＝公衆衛生行政の真骨頂のはずである。公衆衛生の専門家を長とする専門家組織に接種の方法、接種対象の優先順位、自治体との連携のあり方などについて提言をもとめ整序された接種体制をつくるべきなのだ。

このように、コロナウイルス感染症対策をめぐる政権（政治）の取り組みは、自治体との協働を指向するものでもなく、また専門家の知恵を積極的に活用しようとするものでもない。政治が未知の感染症に試行錯誤を繰り返さざるをえないのは当然である。そうであるにしても、この体制では政権と専門知との分担があいまいであり、それぞれの任務に対応した責任が明確にならない。

科学的エビデンスを欠いた全国学校閉鎖要請

政権と専門家会議は、ＣＯＶＩＤ‐19の対策にどのような協議を重ねているのか。議事録問題をはじめとして多くの疑問が投げかけられてきた。さきにも触れたが安倍首相は突然のように公立学校の「閉鎖」を要請した。政権より直接的には文部科学省には、公立小中学校の設置・管理に責任と権限をもつ市町村教育委員会を統制する権限は存在しない。同様に文科省に公立高校を管理する都道府県教育委員会や一部の市町村教育委員会に閉鎖を命じる権限は存在しない。したがって、首相による要請は法的根拠のないたんなる「お願い事」にすぎない。

政権中枢のどのような議論をへて「要請」がおこなわれたのかは、まったく不明である。しかも、政権は北海道から沖縄までのすべての公立学校に閉鎖を要請したが、具体的にＣＯＶＩＤ‐19の感染状況について科学的エビデンスがしめされたわけではない。少なくともこの段階では、全国規模で小中学校の集団感染は起きていない。また、社会人を中心として地域に偏りなく感染症が深刻さを増していたわけでもない。インフルエンザ集団感染時にしばしばおこなわれてきた「学級閉鎖」「学校閉鎖」から思いついた政権の政治的パフォーマンスであった。

しかも、この科学的エビデンスを欠いた学校閉鎖は、たんに児童・生徒から勉学の場を奪っただけではない。居場所や食事の場を失った子どもたちが多数にのぼった。それだけではない。とりわけ派遣労働によって生計を立ててきた一人親家庭の貧困を推し進めた。政権の学校閉鎖要請がいかに近視眼的かを教えていよう。

付言しておくと、この問題にかぎらず日本の教育行政は、中央の助言・指導をあたかも「命令」であるかのように受け取ってきたのが実態だ。この見事な「中央集権」はあらためて「教育と自治」として考察されねばなるまい。

ところで、政権による「学校閉鎖」の決定について専門家会議のメンバーは、事前に相談を受けていなかったばかりか、首相の記者会見ではじめて知ったとされる（河合香織『分水嶺――ドキュメント コロナ対策専門家会議』岩波書店、二〇二一年）。さらに感染症の拡大が「爆発的状況」となった二〇二一年八月、菅政権は突然のように、中等症・軽症患者は自宅療養を原則とし、入院は重症患者や重症化リスクの高い患者に限ることを、今後の医療の基本とすると言明した。これについても、尾身分科会会長は、事前の相談はなかったと記者会見で語った。だが、こうした事態を「政権の暴走」といって済ますわけにはいくまい。ここには政権と専門家会議＝分科会の双方に政治と科学をめぐる重要な問題がふくまれていよう。

なによりも疑問をいだくのは、政権は何のために専門家会議を設置したのかであろう。新型コロナウイルスなるもののウイルス学上の特質を解明するとともに、感染状況に関する情報の収集・分析にもとづき対策の知見をえることであろう。政権部内にこれらの研究・調査をなしうる人材が欠けていると判断したからこそ、専門家会議の人選についての疑問をおくにしても、助言組織として専門家会議を設けたのではないか。そうだとするならば、全国一斉の学校閉鎖や医療方針の転換が政権部内で議論されたならば、その科学的妥当性と社会におよぼす影響について専門家会議の助言（意見）を仰ぐべきなのである。

毅然とした助言の必要性

一方において専門家会議は、たとえ事前に政権の決定を知らされていなかったとしても、科学者集団として意見を表明すべきなのである。河合香織の『分水嶺』は、尾身茂を中心として専門家会議の一部メンバーが、公的な会議とは別に新型コロナウイルス感染症の「検討会」（「研究会」）をもっていたことを明かしている。これは当然外部には知らされていなかったことだ。河合の取材努力の結果ではあるが、河合が専門家会議のメンバーである武藤香織・東大医科学研究所教授の大学院生であることも大きい。いずれにしても、尾身らがこうした検討会をもったのは、専門家会議をはじめとする公的ルートのみでは情報の取得や分析に限界があると判断していたためであろう。公的ルートに反映させるためにも「理論武装」が必要と考えてのことであろう。

しかし、そうであるならば尚のこと、専門知は政治（政権）に毅然とした対応をとらねばならない。専門家会議の役割が科学的知見にもとづく助言であることはいうまでもないが、この科学的知見は、きわめて狭い意味での医学的知見ではない。それを基軸として社会的動態の予測と対策であるべきだ。本来、それは公衆衛生学の基軸のはずだ。実際、その後の緊急事態宣言の発令によって人びとの行動と経済活動が一段と抑制されていくが、小中学校の「閉鎖」が子どもたちの教育にもたらした負荷はきわめて大きかった。「自宅療養」とはいうが、それをささえる体制はきわめて脆弱だ。また、軽症・中等症から重篤な状態に急変したばあいの医療体制は未整備そのものである。

筆者は国立公衆衛生院（現・国立保健医療科学院）の衛生行政学部と長年にわたって仕事上の関係をもったが、かれらは高齢化社会における地域保健の問題事象を見据えた理論と実践に果敢に取り組んだ。そこで大きな関心とされたのは、個人の特性に応じた保健学の知見にくわえて、家族や地域社会におけるつながりの実態だった。公衆衛生学と筆者の専攻する行政学では研究焦点の設定に違いはあるが、通底するところも多い。

公衆衛生学者を中心とした専門家会議が備えねばならないのは、政権の政策を市民の生活（療養）実態と感性をふまえて評価し、政権に疎まれようとも果敢に問題提起することである。エレガントな数理モデルを用いて感染動向を予測することはもちろん重要である。だが、市民の感性への配慮を欠くならば、インパクトのある政権への助言（提言）とはならないのはもとより、市民の信頼をえることはできない。

PCR検査になぜ抑制的だったのか

全国一斉の「学校閉鎖」問題は、コロナ感染症当初の政権と専門知の関係を象徴する事態といってよいが、これにくわえて専門家会議＝分科会の行動に疑問がもたれ、今日なお問題視されているのは、PCR検査体制である。当初、PCR検査はきわめて抑制的であった。三七・五度以上の発熱が四日以上つづいた段階で検査を受けられるとされていた。この基本的方針が政権と厚労省の協議の結果なのか、厚労省によってつくられたのか、それとも専門家会議からの発案だったのかは、いまだに判然としない。

ただし、当時の厚労省の医務技監（二〇一七年に次官級ポストとして設置）は、大規模検査は感染リスクの低い人を拾うことになり、結果が信頼できないものとなる、と積極的な検査に否定的だったとされる（『選択』二〇二一年六月号）。医系技官と専門家会議＝分科会を主導する公衆衛生の専門知が、厚労省と足並みをそろえていたことは、事実といってよいだろう。実際、感染症の拡大がすすむにしたがってPCR検査件数の少なさには、批判が強まっていった。そして、当初の検査条件は撤廃されていくが、専門家会議＝分科会が検査の拡充＝徹底を政権に提言することはなかった。

ＰＣＲ検査件数の抑制は、一九九〇年代以降の保健所政策の「失敗」を物語る。保健所の設置数と人員数は、一九九四年の保健所法の廃止＝地域保健法の制定以降、削減されてきた。歴代政権は真剣な議論を欠いていたし、学問的にも大きな関心を呼ぶことはなかった。少子高齢化社会の進行を前にして、母子保健や老人保健に力点をおくべきとの議論が主流となり、市町村を中心とした地域保健が重視された。保健所法は自治体が独自に「保健所」に類似する名称の組織の設置を禁じてきたが、地域保健法はその規定を削除した。その結果、市町村には母子ないし高齢者を冠した「保健センター」といった名称の組織が多数設けられた。これ自体は時代状況に応えるものと評価できよう。だが、当時、厚生省幹部は筆者に「保健所はもともと結核対策でしたから、感染症対策から転換せねばならない」と語った。これには「感染症対策はけっして時代の遺物ではない」と応じたのだが、従来の保健所の再編統合＝廃止にブレーキはかからなかった。その結果、新型コロナウイルス感染症の「突然」の出現によって、保健所のリソースの少なさが重要な問題と化しているのだ。

ただし、ＰＣＲ検査体制の充実について専門知が発言することは可能のはずだ。もちろん助言者には、具体的施策や事業の決定権は存在しない。それは学校の閉鎖も同じだ。ただし、助言者である専門知は政権の「下僕」でもなければ下部機構でもない。政権への意見を西村担当相と協議する必要があるとしても、政権の行動が科学的リテラシーに欠けていると理論的に判断するならば、政権へ「提言」するとともに、ひろく社会的に訴えるべきだろう。

保健所は整理統合されたが、高齢化社会への対応としていまや全都道府県が公立保健・看護系大学を設置している。さきに都道府県・市町村との協働体制の必要性を述べたが、保健所体制の充実にむけて政治と行政が舵を切るとしても時間を要する。現にあるリソースを政府そして自治体は活用すべきであり、公衆衛生の専門知はこうしたリソースの存在を熟知しているはずである。ようは感染症とPCR検査との関連性を理論的にどのように位置づけ対策を立案するかである。偽陽性あるいは偽陰性の間違いが生じようとも、それを確率の問題として処理し悉皆《しっかい》調査に近い態勢をとる方が、科学的なのではないか。

憶測が飛び交った尾身発言の「真意」

さきに、政権の経済再生担当相が新型コロナウイルス感染症の担当相であることを述べた。ここには安倍＝菅政権の未曾有のパンデミックへの「本音」が、よくあらわれていよう。新自由主義に立脚して「成長戦略」をひたすら追求してきた政権にとって重要なのは、経済の停滞を極力避けることにある。細切れのごとく発令された緊急事態宣言にもとづき人の流れを抑制するといい、また「新しい生活様式」なるスローガンによって個々人の行動に注文をつけつつも、「Ｇｏ Ｔｏ トラベル」「Ｇｏ Ｔｏ イート」といった事業を推奨した。さすがにこれは社会的批判を浴びて「一時的」に休止されている。だが、刑事罰まで採用して都市の封鎖（ロックダウン）を指向したヨーロッパ諸国とはあまりにも対照的である。政権の経済にたいする思想的立場は、このパンデミックにおいてもまったく自省されていないところに、対策の「迷走」の基本要因があるといえよう。

専門家会議＝分科会の行動は、少なくとも二〇二一年の六月初めまで政府にたいする助言機能をきびしい言葉で表現するものではなかった。それどころか、首相の記者会見に尾身茂は同席し首相からの補足説明の求めに応じるのが常態だった。まるで首相の態度は、国会の委員会審議において所管大臣、あるいは参考人として呼んでいる官僚に説明させるかのようだった。分科会会長の首相

記者会見する新型コロナウイルス感染症対策分科会の尾身茂会長(右)と菅義偉首相＝2021年6月

記者会見への同席には評価する向きもあった。だが、筆者は「共同記者会見」はおこなうべきではないと考える。そうでなくとも、専門知の能動的助言が低調と見做されているなかにおいて、これは政権への専門知の「従属」といった印象を社会に与えざるをえない。行政の首長である首相は、記者会見前に専門家の意見を聴くとしても、それを咀嚼《そしゃく》して自分の言葉で説明すべきなのだ。それが行政の長の責任である。

ところで、尾身茂は東京オリンピック・パラリンピックの開催が迫った六月に入って、パンデミック状況のなかでの開催について疑問を提示するとともに、大会開催によって感染拡大の危険性のあることを、記者会見や国会委員会で述べた。これにたいして政権は案の定、〝越

権行為〟〝尾身氏とそのグループの自主研究の結果〟といった批判をつぎつぎと浴びせた。これを分科会会長の「越権行為」というならば、政権の意に沿わない政策への提言は、すべて越権行為だ。即効性のある治療薬が開発されていない段階での対策は予防に限られる。知性を欠いた政権の対応によって、政権と専門家集団との「蜜月」はあっけなく崩れさったかにみえた。尾身茂の発言の「真意」にはさまざまな憶測が飛び交った。だが、アルファ株、デルタ株といった変異株が流行しだし、ワクチン接種状況も停滞している。この段階でオリンピック・パラリンピックという一大イベントを開催するならば、COVID-19のパンデミックは抑えられない。それは各国選手団が変異株を持ち込むという意味ではなく、一大「お祭り騒ぎ」が、人びとやビジネスの行動を制御できなくなるという意味だ。尾身発言は、WHOでの経験も踏まえた市民の感情を直視した公衆衛生学者の発言だったとみておきたい。実際、東京オリンピック開催中に、東京をはじめとしてコロナ感染症は爆発的拡大をみた。

腰砕けに終わった専門知の反転

とはいえ、「尾身の乱」とまでいわれた専門知の反転も腰砕けに終わった。東京オリンピック・パラリンピックの強行開催を指向する政権にたいする「無力感」にとらわれているのか、きびしい感染症対策についての提言は影を潜めた。二一年六月一七日、菅首相は記者会見を開き、二〇日で期限が切れる緊急事態宣言の解除とオリンピック・パラリンピック大会の予定通りの開催を述べた。

そこには尾身分科会会長も同席したが、開催についてのきびしい意見は表明されなかった。政権と専門家集団のあいだでどのような意見の再調整があったのかは、外部からはまったく窺い知れない。

案の定、危惧されていたようにオリンピックを機として新型コロナ感染症の「爆発的拡大」が生じた。菅政権は七月一二日に四度目の緊急事態宣言を東京都と沖縄県に発令した(沖縄は延長)。しかし、東京都にくわえて神奈川県、千葉県、埼玉県の首都圏での感染は拡大の勢いを増した。菅政権は東京、沖縄の宣言を延長するとともに、首都圏の三県と大阪府にも発令した。こうした事態の責任はもちろん政権にある。ただし、一時は反転したかとみえた政権と専門知の関係は、再びもとに戻ったかのようだ。専門知は緊急事態宣言の解除・再発令についても明確な意思を表明するべきだし、宣言によっていかなる措置を充実させるべきなのかを、科学的知見をもとに提起すべきなのだ。政権は発令前に分科会に諮《はか》ってはいるが、そこで政権と分科会とのあいだで激論が交わされた形跡はない。政権が分科会の専門知の意見を受け入れないならば、説明責任は政権にある。

専門知の社会的責任

COVID‐19の感染者数は二〇二一年一〇月以降急速に減少しているが、その要因は科学的に解明されていない。SARSのように「収束」を期待したいが、事態が再び悪化するか、それとも好転するかはまったく予測できない。

ただし、この降って湧いたような感染症の危機とそれにたいする政権と専門知の行動は、政治と科学のあり方が社会の将来に決定的な影響を及ぼすことを教えていえよう。政権と専門知は、それぞれの立場から、検査、ワクチン接種をはじめとする予防体制、医療体制の充実にくわえて、経済社会のありかたに叡智《えいち》を結集せねばならないだろう。これらの課題のいずれにおいても、政治・官僚機構と専門知は方向や対策を同じくすることもあれば、異なることもあろう。むしろ寄って立つ思考空間が違うのだから異なることの方が多いだろう。だからこそ、専門知はその独立性を保つために、政治に果敢に意見を提示することが重要なのである。言い換えるならば、専門知は政治の意思を「忖度《そんたく》」し使われてはならないのだ。

さらに、専門家会議＝分科会が「権威」ある助言機関として政治および社会から見做されるためには、専門知は常に市民の感性に敏感であり、それをもとにして科学的知見を磨いていかねばなるまい。これはＣＯＶＩＤ‐19に関連して設けられた専門家会議＝分科会を構成する専門知にのみもとめられることではない。市民の感性からの乖離は、科学分野の細分化と制度化によって失われがちな学問的態度だが、自然科学、社会科学を問わず自らの学問的営為を問いなおしてみる必要があろう。

政治（政権）は、常に使いやすい専門知を重用する。専門知は内輪の会合において議論を重ねても、社会的発信力が乏しいならば、政権の行動の「追認」と社会は受け取ってしまう。そして科学的リテラシーに欠ける政治は、社会的憤懣《ふんまん》をたくみに操作し独善性を強めてしまう。専門知にはこうした政治に対抗することが問われていよう。

5章　介護保険制度に同調した専門知——理論的考察の底の浅さ

人文・社会科学系の役割

これまで新型コロナウイルス感染症対策のためにつくられた専門家集団と政権とのかかわりを論じてきた。新たな感染症は、政治（政権）にとっても公衆衛生学や感染症学にとっても「突発的」事態であった。この「経験」をもとにした保健・医療のシステム改革は、今後の大きな課題である。その第一義的責任はいうまでもなく政治にあるが、専門知が自律性をもって発言するかどうかが、そのゆくえを左右するであろう。

実際問題として、これまでの日本政治では大なり小なりの「改革」が絶えず語られてきた。社会のめざす方向を具体的に語らずとも、「改革」を語っていれば、政治の躍動であるかのような印象を社会に植え付け、メディアのなかからは「バラ色」の社会を描くものもたちあらわれてくる。そして、「改革」として提起された構想は、そのまま萎《しぼ》むものも少なくないが、政治の決裁をうけて制度化される。この改革の構想から制度化にいたる過程にも専門知が「貢献」し世論を誘導する場合が少なくない。

これまでみてきた原子力開発や新型コロナウイルス感染症対策は、政治（政権）の意をうけた理系の専門知を主たるアクターとしている。市民の関心は、「未来に向けた新たなエネルギー」にはじまったが、未曾有の原発事故後はその批判へと転じ再生可能エネルギーへの関心にシフトしつつある。原発の過酷事故やCOVID‐19は個人の生命に直接関係するだけに、重大関心事として人びとの心を支配している。それだけにこうした問題事象に取り組む専門知と政治の関係は、市民の注目するところとなる。

ところが、日常の市民生活を左右している政策・制度は、それほどの緊迫感をもって人びとに迫ってくるものではない。日常的な行政のなかに埋もれているとさえいえよう。もちろん、誤解のないようにいえば、たとえば派遣労働の無秩序な対象の拡大が、人びとの生活権を脅かしているように、無視してはならない事態をつぎつぎと生みだしている。

これまで主として理系の専門知について論じてきたが、実は政策・制度の形成や実施に果たしている人文・社会科学系専門知の役割は大きいのであり、そのありようが問われなくてはならない。学問・研究とは何かは、人文・社会科学の専門知にもきびしく突き付けられているのである。行政の活動は社会の隅々にまでおよんでいるから、考察対象は枚挙に暇《いとま》がないが、この章以降では、ここ二〇年ほどの政治と行政の「大転換」といわれた介護保険制度と司法制度改革を中心として、政治と人文・社会科学系専門知の関係をみていくことにしよう。

制度設計と専門知のフィーバー

介護保険制度の発足からすでに二〇年の歳月が経過しているが、制度改革が浮上した一九九〇年代の日本にとって高齢者の介護システムの「改革」は、避けて通れない政治課題であった。日本が国連統計にいう「高齢化した社会」（全人口に占める六五歳以上が七パーセントに達した段階）に入ったのは一九七〇年であった。倍の一四パーセントとなったのは一九九四年であり、この間わずかに四半世紀にすぎない。これがいかに「驚異的」スピードであるかは、ヨーロッパ諸国と比べるとよくわかる。七パーセントの六五歳以上人口が一四パーセントとなるまでの時間は、フランスで一一五年、スウェーデンで八五年、イギリスで四七年である。これらの国々が今日なお「福祉国家」であるかどうかは擱《お》くにして、ゆるやかな高齢化の進行のなかで福祉政策を整えてきた。しかし、日本は急いで政策・事業を準備せねばならない事態に当面したのだ。

またいわゆる「国際化」は日本社会の多民族化を進めた。一九八〇年代以降、日本の経済「発展」にともなって、従来の韓国・朝鮮人にくわえてニューカマーとよばれる、主として東南アジアからの外国人が流入した。地域社会の経済・社会構成の激変は、必然的に多様な紛争を生みだす。また、経済のグローバル化によって日本の市場には外国資本が大規模に参入した。日本の伝統的経済慣行と国際的ルールなるものは自然調和し難いから、市場はあらたなルールをつくっていかなくてはならない。こうした日本の社会構成の変化や経済発展による摩擦に既存の制度が対応能力を欠いていることも事実であった。当然、あたらしい政策・制度が構想され制度化されていかなくてはならない。とりわけ、堅牢で閉鎖的な司法制度は、大胆な改革が問われることになった。

介護保険や司法制度改革については、すでに多くの論考が公表されており、筆者もこれらについて論考を刊行している。しかし、改めて専門知の観点から問い直してみたいのは、制度化当時、専門知のあいだに一種のフィーバーが生まれたことである。介護保険制度については「選別的福祉から普遍的福祉へ」「措置から契約へ」といった一大「混声合唱」が起きた。司法制度改革にしてもその目玉とされた法科大学院（ロースクール）や裁判員制度は、「司法への新たな人材の登用」、「裁判への国民参加」といった声が専門知のあいだから巻き起こり世論を席巻した。

この制度化段階においても制度のはらむ脆弱さを追究することなく「称賛」に走った専門知なるものが問われるのだが、これらの政策・制度はのちに述べるようにおよそ成功したとはいえないだろう。それにもかかわらず、フィーバーした専門知のあいだから経験をふまえたあらたな構想がしめされるどころか、かれらは「沈黙」している。

どのような政策・事業も制度設計の段階において社会的環境を分析し一定の概念的枠組みが設定される。一般的にいえば、政治や官僚機構は外部の専門知にアドバイスをもとめつつ（外見的な装いのケースが多いが）も、長年にわたって培ってきた認識枠組みから自由ではない。それゆえに漸変的変化（または微修正）となることが多い。したがって、政治と官僚機構は政策・事業の実施過程において「機能不全」といった批判が生じても、微修正によって寿命を維持し続ける。

ところが、ここで取り上げる二つの制度改革は、改革の基本的アジェンダは政治そして官僚機構によって設定されたものの、制度設計の多くの部分を専門知にゆだねるものだった。制度設計時に見通せなかった要因が浮上することは当然ありうる。したがって、制度設計時の思考の問題にくわえて新たな「機能不全」的状況が生じるならば、修正をもとめることが専門知の責任であるだろう。

機関委任事務体制のもとの福祉行政

日本の福祉行政は戦後民主化にもかかわらずきわめて中央集権的であると同時に、憲法の規定する生活権の保障を実現するものとはいえない状況にあり続けた。生活保護、児童福祉、老人福祉、身体障害者福祉、知的障害者福祉などの福祉立法は制定されていったが、その実施体制は機関委任事務体制のもとにおかれた。これは法律ないし政令で知事などの首長を法令所管大臣の下部機関と位置づけ、その指揮命令のもとで事務を処理させるものである。

機関委任事務という制度自体、戦後日本の地方自治改革とは真逆であり、戦後民主改革の「裏面」を象徴するものだった。実務をになう自治体は所管庁の通達によって行政の細部まで統制された。財政的には中央が必要経費をすべて賄《まかな》ったわけではなく、法令にもとづき一定の負担をもとめられた。憲法二五条の生存権保障を基本的根拠とする生活保護ですら、現行生活保護法は制定時に国と地方の負担割合を八対二と定めた。一九八五―八八年度には、高率補助負担金の補助負担率の削減によって七対三と暫定的に修正され、八九年度以降は生活保護法本則の改訂によって七・五対二・五となっている。

戦後福祉行政はことごとく機関委任事務体制のもとにあった。それゆえにともいえるのだが、いずれの福祉分野を取り上げても、対象者は行政機関によって「選別」されたばかりか、施設への入所、金銭や補助具などの機器の供与なども「行政処分行為」とされたのである。こうした行政処分行為は「措置」なる概念で説明されてきたが、実際のサービス給付は、行政処分の「反射的利益」とされ、それに対する不服申し立ては認められていなかった。

「市町村重視の原則」と老人保健福祉計画

高齢者福祉・介護に焦点を絞ると、さきに述べた高齢化の急速な進行に対応して、一九八九年一二月、厚生・自治・大蔵三大臣の合意によって「高齢者保健福祉推進十カ年戦略」(ゴールドプラン)が策定された。これは一九九〇年度を初年度として公共サービスの人的・施設の整備を図るとするものである。九五年度にゴールドプランは改訂され新ゴールドプランとされたが、当初計画でいえば総額六兆円を投下するとしていた。

当時の福祉行政からいえば、財源投下額は「画期的」であった。そして巨額の財源にもとづく高齢者福祉保健の基調とされたのは、住民に最も身近な市町村を中心とする在宅サービスと施設サービスの実施であった。一九九〇年にこうした政策基調を実現するためとして、政府(厚生省)は老人福祉法と老人保健法を改正し、すべての市町村と都道府県に「老人保健福祉計画」の策定を義務づけた。自治体はこの計画の策定にあって抽象的文言で表記するのではなく、具体的数値目標を明示せねばならないとされた。また計画の終了年度はゴールドプランと同一の九九年度とするとされた。

一九八六年の「機関委任事務の団体事務化法」によって生活保護を除いて基幹的な福祉行政における機関委任事務は「団体事務」なる、それまでの法令用語に登場したことのない言葉に変わっている。実態からいえば自治体の事務に変わったとはいうものの、法令などによる規律の強い事務といってよい。ともあれ、老人保健福祉計画のいう「市町村重視の原則」が福祉行政の転換として評価されたのも事実である。

混迷する「市町村重視の原則」

とはいえ、市町村に在宅サービスと施設サービスに関する詳細な老人保健福祉計画の策定を義務づけたものの、市町村はそれまでの集権的行政のもとにおかれたから、独自の人的サービスや施設サービスには経験も実績も存在しないのが実のところだった。高齢者の在宅サービスに不可欠なホームヘルパーは、九〇年段階で一〇万人当たりスウェーデン九一三人であるのにたいして日本はわずかに二五人だった。「だからゴールドプランだ」ということになるのだが、九九年に新ゴールドプランが達成されても同一四二人であり、人的資源は「寒々」としている。

計画作成の経験の乏しい自治体はどうしたか。案の定「暗躍」したのは自治体相手のコンサルタント業者であり、かれらに「丸投げ」する自治体が続出した。筆者はある福祉系大学のスタッフと「全国の自治体の計画を集めておけばよい史料になる」と話しあったものだが、固有名詞と数値が違っているだけという計画が少なくなかった。

しかも実務面に眼を転じるならば、さきに機関委任事務の廃止と「団体事務」について述べたが、行政警察概念を引きずる行政処分行為である「措置」は生き続けた。したがって介護を要する高齢者が、特別養護老人ホームへの入所を自治体の所管課（福祉事務所など）にもとめても、行政処分行為としての入所措置決定となるかどうかは、行政の判断次第であって異議申し立ての道が開かれているわけではない。

しかも、この「措置」による限定的なサービス給付の背後にあるのは、八〇年代から「隆盛」した「日本型福祉社会論」であるといえよう。これはのちに述べる介護保険にも一部取り入れられ、家庭内の介護者は保険給付の対象とされなかった。「日本型福祉社会論」は、日本社会には伝統的に「家族」という福祉資源があるのだから、それを大いに活用すべきといった保守的主張だ。一部の言論人にとどまらず、自民党もまた強調していた。したがって、「措置」によってサービス供与から外れても「家庭内介護」なる手段があるということになる。核家族化の進行、地域社会の疎遠化によって「家庭内介護」が不可能となりつつあるからこそ公的しくみが重要性をもつのだが、社会の変化に思い及ばない言説である。

政府は市町村重視の原則を掲げて老人保健福祉計画にもとづく高齢者保健福祉を推進するとしたものの、実現の条件は以上のように脆弱であった。それに追い討ちをかけたのが財源問題である。当時の細川護熙《もりひろ》首相は、九四年二月「深夜の増税記者会見」で消費税率を七パーセントに引上げ「国民福祉税」とすると表明した。しかし、連立与党内で議論すらされていない唐突な増税＝新税創設が実現するはずもないことだ。

急浮上した介護保険構想

こうしたなかで高齢者保健福祉の将来に危機感を募らせた厚生省は、九四年七月、「高齢者介護・自立支援システム研究会」（座長・大森彌《わたる》）を立ち上げた（委員は**表8**）。これは九五年からドイツで導入が決定されていた公的介護保険制度の「日本版」の創設を目的とした研究会だった。研究会は同年一二月に公的保険制度による高齢者介護・福祉についての報告書「新たな高齢者介護システムの構築を目指して」を公表した。これ以降、老人保健福祉審議会、社会保障制度審議会での審議、国会での介護保険法の成立をへて、二〇〇〇年四月に介護保険が施行されることになる。

この過程は現代日本の政策過程には珍しく異論は大きな声とならなかった。「介護保険」という高齢者福祉の大転換である新たなシステムは、専門知から自治体の職員にいたるまで「混声合唱」のように支持一色になっていったのである。それだけ高齢者介護が重要問題と認識されていたといえるのだが、論調の転換は専門知とは何かを投げかけるものでもある。以下、介護保険法によって

表8　高齢者介護・自立支援システム研究会委員

○大森　　彌	東京大学教養学部教授
□山口　　昇	公立みつぎ総合病院長
岡本　祐三	阪南中央病院内科医長
京極　高宣	日本社会事業大学教授
清家　　篤	慶應義塾大学商学部教授
田中　　滋	慶應義塾大学大学院 経営管理研究科教授
橋本　泰子	東京弘済園弘済ケアセンター所長
樋口　恵子	東京家政大学教授
宮島　　洋	東京大学経済学部教授
山崎　摩耶	帝京平成短期大学助教授

（注）肩書きは発足時。○は座長、□は座長代理

スタートした介護保険の主要な骨格ごとにみておこう。

介護保険制度はそのスタート以前から細部について疑問や批判をよびながらも、制度そのものは短期間のうちに支持されていった。福祉行政について「在宅福祉」「施設福祉」のいずれにおいても拡充を訴え、しかも「措置」の重要性を強調してきた福祉学者のあいだでも推進論が高まった。だが社会保険制度による高齢者介護が適切なのかについての議論はほとんど展開されなかった。日本の介護保険がドイツをモデルとしたのはさきに触れたが、ドイツは介護保険の制定に二〇年の議論を重ねているが、「高齢者介護・自立支援システム研究会」の報告から数えても制度発足まで五年余であった。

介護保険制度の特徴と専門知の状況をみていくことにしよう。

①「措置」から「契約」へ

介護保険制度は日本の福祉行政の核心におかれてきた行政処分行為としての「措置」を否定し、個人と事業者の契約を基本とすることで、被介護者の人間としての権利性が保障されると強調する。「措置」は行政庁による行政処分であり権力性を否定できない。だが、とりわけ革新系の社会福祉学者たちの「措置」についての見解は、むしろ「措置」を評価するものだった。社会福祉立法における「措置」が、「入所措置」という言葉を使うばあい、刑事施設への入所とは違い相手の「協力・同意」を前提としており、「強制のモメント」をふくむものではない。また「措置」ならびに「措置費」の法定化によって、都市部・農村部を問わず一定水準の福祉行政が展開されてきた。このように主張する社会福祉学者が主流だったのである。

しかし、それらは法形式論に依存するものであって、実務にそくしていえば、クライアントとしての適格性の判断基準は行政庁に独占されており、施設の選択などについて要介護者の「選択」の権利は何ら存在しなかった。たとえば、居宅から遠く離れた地域にある特別養護老人ホームであれ入所が叶うならば「幸運」とされたのである。

それゆえ、介護保険の推進に係わる専門知が「措置」の否定を強調したのは適切といえよう。同時に「措置」の意義を強調してきた社会福祉学者の反論はみられなくなった。それどころか、「措置」論者から介護保険の支持者に転じた研究者も多数いる。

ところで、要介護者のケアが、行政による「措置」から事業者と個人の「契約」に変わったからといって、それだけで要介護者の「権利性」が保障されるものではない。

介護保険の保険者（保険の運営主体）は市町村である。被保険者は四〇歳以上のすべての住民である。このうち六五歳以上が第一号被保険者、四〇歳から六四歳が第二号被保険者である。そして介護保険のサービス受給権者は、基本的に第一号被保険者であって要介護・要支援認定を受けた者である。第二号被保険者については特定の疾患（初老期認知症、脳血管障害等の老化に起因する疾病）によって要介護認定、要支援認定を受けた者である。

要介護・要支援の認定は介護認定審査会での審査をうけて保険者である市町村がおこなう。介護保険には施設サービス、居宅サービスのメニューが定められているが、要介護認定された人びとへの介護プログラム（ケアプラン）は、ケアマネージャー（介護支援専門員）によってつくられる。ケアマネージャーは介護保険事業者として認定された民間企業や団体のスタッフである。

したがって、被保険者は介護認定審査会の判定と保険者（市町村）の認定、その後のケアプランの作成にもとづき事業者の介護サービスを受けることになる。だが、この判定ならびにケアプランに疑問や異議をもつ被保険者がうまれる可能性がある。つまりは、措置から契約に変わったからといって、即、要介護者の権利性が保障されるとはいえない。異議をもつ者の申し立てにもとづき、介護認定審査会の判定やケアプランの妥当性を審査し、事業者にその実行をもとめる第三者機関を必要とする。だが、介護保険制定時も今日もこうした「第三者機関」の設置は議論の俎上《そじょう》に上がっていないし、その必要性を論じる専門知も数少ない。これでは到底「権利性の保障」とはいえないだろう。

②社会保険方式による介護サービス

介護保険は市町村を保険者（保険の運営者）とする社会保険である。被保険者ならびに介護サービスを受けることのできる住民についてはさきに述べたとおりである。保険料は被保険者のカテゴリーによって異なる。第一号被保険者は所得段階別の定額保険料を支払う。第一号被保険者の保険料は世帯単位ではなく個人に賦課《ふか》される。保険料は年額一八万円以上の年金受給者については年金から天引きされる（それ以外は普通徴収・つまり被保険者が個別に納付する）。また第一号被保険者の保険料は保険者である自治体の条例で定められるが、基本的に介護保険サービスが賄えるように算出された「基準額」をもとに所得の状況に応じて段階が定められている。

さて、さきの市町村による老人保健福祉計画にもとづく事業は、基本的に税を財源とするものだったが、介護保険は財源の確保のために社会保険方式を採用した。社会保険方式が選択された基本的要因は、増税についての忌避感が国民のあいだに強いことが理由とされたが、社会保険方式による保険料負担と自己負担（サービス費用の一割）は、基本的に所得再分配機能をもたないし、保険料は所得に逆進的である。

スウェーデンなどの「高福祉・高負担」を先進的と評価してきた福祉研究者のあいだからも社会保険方式への疑問は、税＝措置＝権利性の否定なる短絡的思考に左右されてか、まったく提示されなかった。介護保険財政には第一号、第二号被保険者の保険料にくわえて公費（国二五パーセント、都道府県・市町村それぞれ一二・五パーセント）が投入されているが、市町村によって保険料の違いは大きい。保険料の基準額は全国平均で月六〇一四円（二〇二一～二三年度）である。これにくわえて、施設サービスの居住費と食費（ホテルコスト）負担がある。実際の介護サービスは、私的負担に大きく依存しているといわざるをえないだろう。制度発足時にも保険料の水準は議論の焦点の一つではあったが、いつ終わるのか全く展望のきかないコロナ禍のなかで第二号被保険者の就業はきわめて不安定である。第一号被保険者についても年金の削減が進んでいる。財源の抜本的な改革が不可避なのではないだろうか。社会保険方式に今後もよるとしても、保険料を個人のみから調達するのが妥当なのか。「介護の社会化」をいうならば、年金や健康保険と同様に事業者からも調達することが考えられるべきではないか。

③ 市町村が保険者であることの妥当性

保険者が市町村であることへの疑問もほとんど提示されないまま制度化がすすんだ。それどころか市町村が保険者となることによって「地域密着型のサービスが可能となる」との論調が支配的であった。だが、介護保険は住民に最も身近な政府である市町村が主体となってサービスを供給するものではない。介護事業は法定された介護メニューに従いつつ民間事業者によって営まれる。本来、大きな論点は、市町村が介護保険なる社会保険の保険者であることの適切性だ。

介護保険の検討が始まった九〇年代に同じく市町村を保険者とする国民健康保険は「スクラップ化の危機」がいわれていた。保険は公的であれ民営であれ「規模の経済」が働く。高齢化の進行によって疾病率が上がるならば、とりわけ小規模自治体の保険は機能不全に陥る可能性が高い。国民健康保険と同様に市町村を保険者とし、しかも六五歳以上の被保険者を受給権者とする介護保険は、公費の投入があるとはいえ、論理的にかなりの困難が伴う。

「スクラップ化の危機」がいわれた国民健康保険には、改革の手が入れられた。七五歳以上の高齢者を対象（被保険者）とし、都道府県規模の広域連合を保険者とする後期高齢者医療保険制度が二〇〇八年に発足している。また国民健康保険の保険者も二〇一八年度に都道府県に改められた。介護保険については市町村が広域連合制度を用いて保険者の規模拡大を図ったところもあるが、介護保険法の改正はおこなわれないまま推移している。介護保険制度のスタートは、当然のように介護保険の介護サービスを利用しようとする要介護者を増加させた。これ自体は介護保険の推進論者が強調してきた「介護の社会化」を意味し望ましい方向といえようが、進行する超高齢化は市町村を保険者とする介護保険財政を圧迫せざるをえない。

もちろん、こうした状況のなかで介護保険財政の安定についての方策は、厚生労働省や専門家のあいだから提起されてきた。第一点は第二号被保険者の年齢を二〇歳まで引き下げようとするものである。第二点は、それを機として介護保険に障害者福祉を全体として統合しようとするものである。第三点は、施設サービスの利用者負担（ホテルコスト）を引き上げるものである。そして第四点は、要支援、要介護1さらに介護を要するようになる可能性の高い人びとを対象とした予防給付サービスを充実させるものである。こうした対策のうち実現したのは、第三点と第四点だが、それで介護保険財政が安定をみるはずもないし、要介護者の「権利性」が保障されるものではなかろう。保険料の支払い義務者の年齢引き下げには「負担と受益」の関係が不明確となるとの議論が根強かった。第一号被保険者を固定しサービス受給権を制限すればそのような議論は当然起きる。ドイツの介護保険は、日本でいう障害者福祉の対象者をふくめて年齢にかかわらずすべての人間が対象である。社会保険方式の「利点」を強調するならば、そもそもサービス受給権者を年齢で限定することに合理的根拠はない。

④統制のとれた分権体制と市場パラダイム

介護保険の保険者が市町村であることの問題点を指摘した。だが、「保険者」とはいうものの市町村が高齢者介護にもつ影響力は限定されている。介護保険は医療保険が医師の診療報酬や薬価基準を法定しているのと同様に、「介護報酬基準」として個々の介護サービスの単価や介護ケアに従事する労働の単価を法定している。したがって保険者である市町村には、「介護報酬基準」についての裁量の余地はない。また、介護事業を実施する事業体については制度設計時には多様な議論があったが、都道府県が認定し監督する事業者とされている。

したがって、実際の事業者は従来の社会福祉法人に限定されずNPO法人、農業協同組合そして民間企業まで幅広く事業参入が認められている。しかし、いまや歴史の一コマでしかないが、老人保健福祉計画が目指したような地域社会の実態を精査したうえで、市町村が必要な在宅サービスと施設サービスを整備し、国・都道府県の財政支出がおこなわれるものではない。保険者としての市町村は、保険料収入・支出の管理機関であるといってよい。

介護事業者について都道府県の監督責任はあるが、介護サービスは市場にゆだねられている。ただし、さきにも述べたが「介護報酬基準」は国によって定められるから自由な市場ではない。統制された市場にすぎない。しかも、利用限度額が定められており、それを超えた介護サービスは一〇〇パーセント自己負担である。はたして必要とされる重度の介護に応えるものかどうかは、大いに疑問なのだ。

介護保険制度が発足した二〇〇〇年四月は、機関委任事務制度の全廃に代表される第一次地方分権改革のスタート時であった。介護保険推進論者は、地方分権「元年」を象徴する事業として両者の関連を高く評価した。地方分権の意味内容はまさに「混声合唱」のようなものだが、少なくとも最も基礎的な政府(自治体)に政策決定の実質的な権限をもたらすものと考えるならば、介護保険は言語矛盾ではあるが、統制のとれた分権であり、しかも統制された市場をつくるものだったといえよう。

深刻化する「家庭内介護」「ヤングケアラー」

制度化された介護保険について主要な問題点を述べた。こうした事項が次第に深刻化しているからこそ、近年では「ヤングケアラー」といった言葉が登場し、「家庭内介護」があらためて問題視され、「不幸な事件」も起きているのだといってよい。

しかし、介護保険の制定についての専門知の動きは、ある意味で実に「奇妙」であった。厚生省官僚機構のなかに「選別的福祉から普遍的福祉へ」の転換といった政策指向が八〇年代末以降強まったことは事実である。社会福祉学者の多くは「普遍的福祉」の名のもとに福祉水準を切り下げるものと批判した。その後、さきに述べたように一九九四年になって厚生省官僚機構は、翌九五年からドイツでスタートする介護保険を引きながら日本版介護保険の実現を指向した。第一章でも述べたが、こうした場合、官僚機構は自らの政策指向を補完するかのように専門知による諮問機関を設置し、その報告をベースとしながら政策設計を進める。ここまでは介護保険のケースでも同様である。

だが「異例」であったのは、厚生省官僚機構による制度設計原案についての学問的・理論的論争は起きずに、専門知の同調が一挙に進行したことだ。あれほど「措置」を肯定してきた福祉学者はすっかり影を潜めた。措置論者でないが福祉の公的責任の重要性を、福祉先進国とされた国々を紹介しつつ論じてきた福祉の専門知も、社会保険方式での介護保険の「応援団」と化した。かれらが理想とした福祉先進国は政府支出によっている。だが、介護保険の保険料の逆進性は議論の俎上に上ることがなかった。社会保険が所得の再分配を基本とする福祉行政の政策手段として妥当とはいえないことは、福祉学者の共通理解だったはずだが、忘れ去られたかのようだった。制度設計の細部――典型は家庭内の介護者に現金等を給付するか否か――について議論は展開されても、制度の基本構造は議論の舞台に上ることはなかった。

社会保険方式のメリット・デメリットを詰めるべき

はたして、こうした専門知の状況をどのように考えるべきか。日本における社会福祉の歴史に照らしてみると、公的な社会福祉の展開はアジア・太平洋戦争の戦時期である。いうまでもなくそれは総動員体制をささえるものであって、生存権、生活権の憲法保障にもとづくものではない。日本の福祉行政の憲法・法的根拠は現行憲法によってもたらされたのであり、社会福祉研究も発展の基礎条件をえたのである。しかし、それゆえに理論的蓄積の少なさも否めなかった。しかも、戦後福祉立法と行政は、行政警察概念を引きずるものであり、その意味で対象の「選別」と権力的サービス給付（措置）が中心をなした。

本来であれば、この概念枠組みの理論的組み換えを必要としたであろうが、福祉学者の多くは法と行政の基本的枠組みを問題視することなく、対象の拡大と給付の充実をもとめるものだった。日本国憲法第二五条の規定も、行政の対象と給付の拡大について「援用」されたにすぎない。

高齢者介護が重要な社会問題となるなかで、一部の専門知と厚生省官僚機構のいう「措置から契約へ」は、たしかに日本の福祉行政の構造的転換を端的に表すコピーだった。また、より自由なサービス給付を「渇望」する市民の感情をつかむものだった。だが、そうであるならば尚のこと、介護保険推進の立場をとる専門知は社会保険方式のメリット・デメリットを詰めるべきなのである。一方、「措置」論者は沈黙を決め込むことでもなければ、従来の主張などなかったかのように介護保険の推進論に転じることでもなかろう。そもそも、所得再分配を基本として税による高齢者介護を実施したからといって、税＝措置＝権利性の保障の否定、の等式がストレートに成り立つものではない。

結局のところ、介護保険の制度化をめぐる専門知の状況は、理論的考察の底の浅さを物語っていよう。政治が推進する大規模な制度変更にたいして専門知のとるべき態度は、権力から距離を保ちつつ制度変更のもたらす将来的可能性を洞察することであり、既存の理論の現実適応能力を精査してあらたな認識枠組みをつくることであろう。そのような専門知の知的インパクトがないならば、高らかに打ちあげられた新たな制度は、ホテルコストの引き上げが端的に物語るように、小手先の修正のまま泥沼のような状況に陥らざるをえないだろう。

6章　司法制度改革と専門知——「国民に開かれた司法」の顚末

戦後改革と「司法の独立」

日本国憲法の制定に象徴される戦後改革は、民主主義政治体制の構築のために司法の独立を謳いあげた。小学校の教科書をはじめとして立法・司法・行政の三権分立が、民主政治の肝要と説く。とはいえ、立法府・行政府の組織と機能について国民の多くは、その全容を知らされている訳ではないが、それでもマスメディアの活動や競合する政党の活動を通じて、かなりの程度の情報をえることができる。そしてまた、選挙をはじめとして活動のあり方に注文をつけることができる。

これにたいして「司法の独立」とはいうが、司法機構とその活動についての情報をほとんど知ることができない。大きな社会的関心を呼び起こした事件に関する裁判の判決はメディアで報じられるが、担当裁判官が退任後に判決の意味などを語ることは稀である。最高裁判所の長官は内閣の指名にもとづき天皇が任命し、判事一四名の任命権限は内閣にある。かれらの指名・任命に際して

「国権の最高機関」である国会の同意は必要ない。内閣は最高裁長官および判事の指名・任命の理由を明らかにしたことがない。外形的にいうと、判事は法曹三者（裁判官、検察官、弁護士）、学界、行政官僚から構成されているが、内閣と判事の出身母体とのあいだの任命についての協議などはまったく不明である。

高等裁判所以下の各裁判所の裁判官の任命は、憲法第八〇条第一項の「下級裁判所の裁判官は、最高裁判所の指名した者の名簿によって、内閣でこれを任命する」としている。だが、これを受けた裁判所法第四七条は「下級裁判所の裁判官の職は、最高裁判所がこれを補する」とし、裁判官の指名、人事異動や昇任の権限を最高裁に与えている。

最高裁判事の定年は憲法草案時には憲法に定めるとの規定が有力だったが、最終的には法律（裁判所法）に七〇歳と定められた。下級審の裁判官の定年は裁判所法にもとづき高裁、地裁・家裁について六五歳、簡易裁判所については七〇歳と定められ、かつ一〇年の任期制が導入されている。ただし、再任は可能とされる。

さらに戦後司法制度改革の大きな特徴は、個々の裁判官の「独立」を謳ったことである。最高裁—下級審とはいうが、それは三審制にそくしてのことであって、行政官僚制にみる上下関係にあるのではない。個々の裁判官はそれぞれ独立して審理にあたるし、裁判所のあいだに上下の統制関係は存在しない。また最高裁長官、高裁長官、地裁・家裁所長という職は設けられているが、かれらはそれぞれの裁判所の最高意思決定機関ではない。言い換えれば、行政府省の大臣のような独任制の機関ではない。各級裁判所の意思決定機関はそれぞれの所属裁判官によって構成された裁判官会議である。これは戦前期の司法省に従属していた裁判所の独立を意味する「画期的」な改革であったといってよい。

司法官僚機構の形成

以上は、戦後司法改革の制度を概括したものにすぎない。現代日本の司法がかかえているのは、とりわけ最高裁を頂点とした司法官僚制が築かれていることである。戦後司法は司法省から独立したが、替わって最高裁事務総局が司法機構に「絶大」な影響力をもつ組織構造がつくられている。

通常、裁判官になるためには、司法試験に合格し司法研修所最終試験に合格し、研修を修了することが必須の要件である。もちろん、「法曹三者」といわれるようにこれは裁判官のみならず検事、弁護士として歩む者も同一である。司法試験合格時より弁護士を職業と定めるものもいるが、裁判官を目指す者もいる。ただし、司法研修所を修了した者に裁判所が採用試験を実施するわけではない。これは検事についても同様だが、以下は裁判官に限定して述べる。実は司法研修所の裁判官教官（裁判官のなかでもエリートと目される）は、司法研修生のなかから裁判官に適していると思える者（性格、司法試験の成績、研修所での成績、学歴など）に個別に接触し、裁判官へとリクルートしている。このお眼鏡に適った者が裁判官（判事補）として任用されるのである。

ところで、最高裁には最高意思決定機関である最高裁裁判官会議の補助・補佐機関である事務総

図　最高裁判所機構図

- 最高裁判所
  - 裁判部門（合議制）
    - 大法廷
    - 第一小法廷
    - 第二小法廷
    - 第三小法廷
  - 司法行政部門（裁判官会議）
    - **事 務 総 局**
      - 秘書課
      - 広報課
      - 情報政策課
      - 総務局
      - 人事局
      - 経理局
      - 民事局
      - 刑事局
      - 行政局
      - 家庭局
    - 司法研修所
    - 裁判所職員総合研修所
    - 最高裁判所図書館

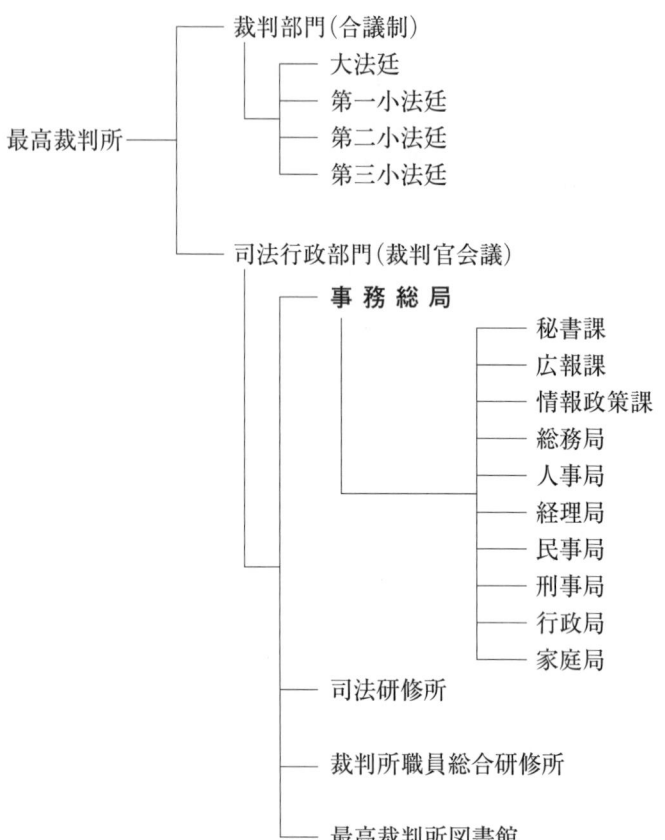

局が設けられている（図）。最高裁事務総局は事務総長のもとに秘書課、広報課、情報政策課にくわえて総務局、人事局、経理局（以上官房系局）と訴訟事件の分野別に編成された民事局、刑事局、行政局、家庭局（以上事件局）から構成されている。事務総局を構成しているのは、裁判官のなかでもエリートとされる者であり、とりわけ官房系局の裁判官のなかには「裁判しない裁判官」といわれるように、裁判の現場経験をもたず事務総局でキャリアの大半を費やす者も少なくない。官房系局長—事務総長—大阪、東京高裁長官—最高裁判事というキャリアパスが歴然とつくられている。

官房系局の権能はのちにも述べるが、その名のとおり全国の裁判所を対象とした人事・財務を中核とするトップマネジメントである。一方、事件局は各種の訴訟事件を分析しているだけではない。下級審の裁判官を集めた会同・研究会を催している。最近では「複雑困難訴訟」の研究会として原発訴訟、夫婦別姓訴訟などについての研究会が注目される。

これに出席する事件局の幹部は、下級審の裁判官に訴訟指揮や判決案を直截的にしめすことはない。あくまで裁判官の「自立」が前提とされる。だが、下級審の裁判案の報告に事件局としての見解が語られる。出席裁判官は最高裁事件局の考え方を理解することになる。ようするに、行政官僚制にみられる行政指導に似た相手の行動の操作がおこなわれているのである。

最高裁は行政府からの独立を憲法保障されているが、最高裁事務総局を頂点とする司法官僚機構を整備してきた。さきに裁判官のリクルートについて述べたが、判事補として任用された裁判官は、全国の地方裁判所からキャリアをスタートさせる。判事補の任期は一〇年だが、このなかに任官四、五年で最高裁事務総局に「局付」として任用される者がいる。任用の基準や理由などはまったく外部に明らかにされないが、かれらの多くの所属は東京地裁、大阪地裁であり、明らかに司法官僚候補のエリートであるといってよい。事務総局での「仕事ぶり」を判定されながら、司法官僚へと選別され事務総局の幹部として登用されていく。

司法官僚制支配と司法の閉鎖性

さきに最高裁、高裁、地裁、家裁などの意思決定機関は、それぞれの裁判官会議であると述べた。だが、この法的規定は形骸化している。最高裁ですら裁判官会議にあげる議題は、秘書課長ついで事務総長が主宰する会議（審査室会議・事務総局会議）で決定されている。実際の裁判官会議は短時間で終了しているのが実態である。多くの訴訟事件で第一審となる地裁にいたっては、年に三、四回程度開かれるだけであって、そのうちの一回は定年退官ないし異動の裁判官の歓送を兼ねているとされる。

最高裁事務総局の司法官僚機構の「権力」が遺憾《いかん》なく発揮されるのは、裁判官人事である。裁判官の任期は一〇年であり更新されて定年まで勤務する。かつて司法の「民主化」を目指してつくられた青年法律家協会（青法協）にくわわる裁判官に最高裁は脱退を勧告するとともに、判事補であった宮本康昭の判事任官を拒否する事件が起きた（一九七一年）。さすがに近年は露骨な政治性を帯びた事件は起きていないが、裁判官の転所（転勤）、報酬、勤務評定などについて事務総局なかんずく人事局の「権力」はきわめて強大である。

裁判官は通常三年程度で転所（転勤）するのがルーティンとされている。転所先などの意向調査はおこなわれてきたが、それが実現することはほとんどないとされる。裁判官の報酬俸給は、判事については八号から一号の八段階、判事補については一二号から一号の一二段階が定められている。判事補の任期が一〇年であるのにたいして俸給が一二段階とされていることの「不合理」については擱くことにしよう。一〇年の任期があるとはいえ更新され六五歳の定年まで勤務するのが基本とされているキャリア裁判官について述べよう。

判事の報酬について大きな特徴は、国家公務員のように年功序列は採用されていない。また報酬昇給の基準日も定められていない（国家公務員は一月一日）。最高裁事務総局はのちに述べる司法制度改革審議会で、裁判官は通常四号までは大半が昇給するが、四号と三号のあいだに壁があると述べた。基本的にはそうなのだが、筆者の調査によれば、四号以下でも昇給の間隔は裁判官によって差異があるし、四号から三号への昇給の間隔もまちまちだ。ようするに裁判官の報酬の昇給については、まったく規則性がないのが実態である。そして、個々の裁判官の報酬を決定しているのは最高裁裁判官会議だが、実質的には最高裁事務総局人事局である。人事局は裁判官の勤務評価を多様な形で実施し、昇給の「案」を決定している。当然、そのなかには社会的関心の高い訴訟事件（たとえば、かつての尊属殺人への重罪、議員定数の不均衡、原発、夫婦別姓や同性婚など）へ下した判決もふくまれる。

以上、最高裁事務総局の司法官僚機構を概括してきた（詳しくは拙著『司法官僚――裁判所の権力者たち』岩波新書、二〇〇九年を参照いただきたい）。ここからも容易に想定されるように、三権分立の一翼を担う司法だが、その内部構造は透明性と民主性を備えているとは言い難い。それがステロタイプ化した判決、行政府（政権）に「迎合」した判決、裁判官数の少なさ（二〇二一年度で三八八一人）と任用の閉鎖性、国民による司法の民主統制の欠如などの批判を生みだしている基本的な理由だといってよいだろう。

司法制度改革審議会の設置と法曹人口の増員

一九九九年七月、小渕恵三政権は司法制度改革審議会を設置した。委員は会長の佐藤幸治・京都大学名誉教授、会長代理の竹下守夫・一橋大学名誉教授をはじめとする一三名であった（**表9**）。直接の利害関係をもつ法曹界からは、元日弁連会長の中坊《なかぼう》公平、元広島高裁長官の藤田耕三、元名古屋高検検事長の水原敏博の三名が選任された。

司法制度改革審議会は二〇〇〇年一一月に「中間報告」を公表し、さらに二〇〇一年六月に最終報告書である「意見書」を小泉純一郎首相に提出した。

「意見書」の内容は多岐にわたるが、その中心におかれたのは法曹人口の大規模な増員であった。「意見書」は経済・金融の国際化の進展や人権、地球規模の環境問題への対処、知的財産権、医療過誤、労働関係など専門的知見を要する法的紛争の増加などを列挙し、「法曹人口の大幅な増加を

表9　司法制度改革審議会委員

○佐藤　幸治	京都大学名誉教授、近畿大学法学部教授
□竹下　守夫	一橋大学名誉教授、駿河台大学学長
石井　宏治	株式会社石井鐵工所代表取締役社長
井上　正仁	東京大学法学部教授
北村　敬子	中央大学商学部長
曽野　綾子	作家
髙木　剛	日本労働組合総連合会副会長
鳥居　泰彦	慶應義塾大学学事顧問、前慶應義塾長
中坊　公平	弁護士
藤田　耕三	弁護士、元広島高等裁判所長官
水原　敏博	弁護士、元名古屋高等検察庁検事長
山本　勝	東京電力取締役副社長
吉岡　初子	主婦連合会事務局長

(注) 肩書きは「意見書」提出時（2001年6月12日）
○は会長、□は会長代理

図ることが喫緊の課題である。司法試験合格者数を法曹三者間の協議で決定することを当然とするかのごとき発想は既に過去のものであり、国民が必要とする質と量の法曹の確保・向上こそが本質的な課題である」と、法科大学院の設置を提起した。

この意見書の「主張」は、特段目新しいものではない。一九八九年の日米構造協議においてアメリカから日本の法曹人口というよりは弁護士人口の少なさが指摘されている。さらに一九九五年に政府は「規制緩和推進計画」を策定したが、これにもとづき法曹人口を早期に増員すべきであるとした。いかに時代が新自由主義に彩られビジネスをめぐる国際的係争が増加する可能性があるとはいえ、規制緩和の文脈で法曹人口の増員を図ることの妥当性については議論されなかった。同様の問題提起は自民党や経済界からも生まれた。

司法制度改革審議会はこれらの法曹増員論に「お墨付き」を与えるものといってよい。そして「意見書」を受けた小泉政権は二〇〇二年三月、法科大学院の創設を閣議決定した。そこでは幅広い教養と専門的な法律知識、柔軟な思考力、社会や人間関係について洞察力、人権感覚、国際的視野と語学力、職業倫理を備えた法曹人材の養成を目的とするとされた。これを具体的な契機として、法曹人口の増加＝法科大学院の設置は、大学の実定法学の研究者を中心にフィーバーを巻き起こした。だが、法科大学院をめぐる専門知の行動は、およそ教育理念やあるべき法曹の姿を熟慮するものではなかった。

「バスに乗り遅れるな」の狂騒

二〇〇四年四月、全国六八大学（国立二〇、公立二、私立四六）で法科大学院がスタートした。ピーク時の二〇〇五年には七四校であった。法科大学院の設置認可権限をもつ文部科学省は、法科大学院の枠組みを定めた。法科大学院は少人数教育を徹底し、法理論とケーススタディによる実務教育をおこなうこと、教員配置基準は学生一〇人に教員一人とすること、教育課程は法学部卒業者については二年（法学既修者コース）、それ以外の者は三年とすること（法学未修者コース）、未修者コースの学生定員を全体の三割以上とすること、などが骨格であった。

司法制度改革審議会で佐藤幸治会長（右）から意見書を受け取る小泉純一郎首相＝2001年6月

司法制度改革審議会が「最終意見書」を提出するころから、とりわけ法学部をもつ大学の実定法を中心とする教員たちは法科大学院の設置に躍起となった。当時、筆者は立教大学法学部のスタッフだったが、学部長はここで法科大学院が設置できなければ大学の存立にかかわると熱弁を振るった。実定法のスタッフもただただ同調していった。大学法学部の教育は、法とは何か、政治とは何かという命題にそくして教養ある社会人を育てることである、少数の専門職業人を養成することではない、といった議論はまったくの少数派であり、無視同然の状態だった。

法科大学院の設置にむけた「狂騒曲」はおよそ信じがたいほどだった。有力私立大学は都内のホテルで文科省の官僚をも招いて法科大学院の意義を論じるシンポジウムをつぎつぎと開催した。シンポジウム終了後に文科省の官僚をふくめたレセプションが開かれたが、「国家公務員倫理法は大丈夫か」といいたくなるほどの歓待ぶりであった。実定法学者が法科大学院の設置に「熱狂」した理由もまったくわからないわけではない。司法試験受験者・合格者の多くがいわゆる司法試験予備校に学んでおり、司法試験受験者＝法曹志望者にとって大学法学部の実定法講義など重視されていない。実定法学者は「失地回復」の好機と認識したといってよい。

とはいえ、七四校もの大学が法科大学院を設置したものの、過去に司法試験合格者を輩出した大学は少数である。またスタッフも司法試験に合格した経歴をもつ者はきわめて少ない。判例評釈などをまとめているが、司法試験の受験技術を教えることができるわけではない。冷静に考えるならば既存の法学部に専門職大学院を設置し、その教鞭をとれるスタッフなどきわめて限られているのだ。

しかし、「バスに乗り遅れるな」とばかりの法科大学院設置フィーバーはすさまじかった。もちろん、政府の責任も大きい。法曹増員として司法試験合格者を一時期三〇〇〇人といった予測を流し、大学スタッフや受験生に過剰な期待をもたせた。初年度である二〇〇四年度入試の全国平均競争率は実に一三倍だった。入学者数は約五八〇〇人だったが、このうちの半数が社会人であり離職したうえでの入学だった。しかも多くはかつて法学教育を受けた経験をもっていない。志望者と合格者の多くは弁護士志望だった。もちろん、社会的公正や正義の実現に取り組もうとする学生もいただろうが、弁護士はよほど高収入の専門職業人と見做されていたのであろう。筆者は千葉大学法経学部長時代に学部入試のガイダンスに同伴してきた幾人もの保護者から「ロースクールに進学できますか」と質問され辟易《へきえき》とした。

法科大学院の惨状

こうした「熱狂」のなかでスタートした法科大学院だが、二〇一八年度に学生を募集した法科大学院は三九校にすぎない。すでに閉校したところもあるが、在学生の修了を待って閉校を決めている。三〇〇〇人の司法試験合格者などはまったくの「空証文」であったから、合格者ゼロといった法科大学院も生まれる。当然のように受験生は減るから、とりわけ私立大学の法科大学院の経営はきびしい。

文部科学省は法科大学院が「失敗」であったことを認めていない。いかに法科大学院なる「器」の維持を図るかに躍起である。すでに法科大学院に影が差し込んでいた二〇一三年には司法試験合格者数などを反映した補助金の配分を決定した。それをインセンティブとして法科大学院側の「自己努力」をもとめたのだが、そのようなことで法科大学院の「再生」ができるはずもない。二〇一八年に中央教育審議会は現在の法学既履修者二年、未履修者三年の教育課程を改め、法学部三年、法科大学院二年の計五年の「法曹コース」なる教育課程とする。第二に、とくに「優秀」なる「法曹コース」の学生には、大学院修了を待たずに司法試験の受験を認める。第三に「法学未履修者コース」における法学部以外の学部出身者および社会人の割合を定員の三割以上とした設置基準を見直すとした。ようするに、特定の学生に絞った教育課程に改め法科大学院の存続を図ろうとするものである。

しかし、法科大学院が「失敗」した要因は、それほど単純ではない。文科省は法曹の大増員をいう司法制度改革審議会をはじめとした「要請」に応えて、七四校もの設置申請をほぼそのまま認めた。通常の大学・大学院の学部、学科、研究科の新設申請への審査に比べると、きわめて緩やかな審査だった。この意味で、文科省の責任は大きいのである。同時に、司法制度改革審議会の専門知にくわえて、大学の実定法スタッフの責任も大きいといわねばならない。開設当初、「これからは司法試験予備校の教師だ」と自嘲気味に語った同僚がいたが、およそ受験指導能力はないのに等しい。そうだからともいえようが、大学のスタッフたちが取って代わろうとした司法試験予備校は、「閉鎖」に追い込まれるどころか、ダブルスクールで通う法科大学院生を抱え込み「繁盛」することになった。

そしてこれは文科省の責任というよりは政府の責任だが、二〇一一年に司法試験予備試験制度が設けられた。これに合格すれば、法科大学院修了と同じく司法試験の受験資格をえることができる。制度の設置理由は法科大学院に入学できるだけの経済的余裕のない者にも司法試験の受験資格を与える、法曹人材の多様化を図る、というものだが、予備試験合格から司法試験を受験できるならば、時間と学費等の負担は軽減される。司法試験予備校もさるもので、予備試験コースを設けた。現役の法科大学院生が予備試験コースにダブルスクールで通学するという状態が生まれた。そして司法試験合格者の内訳をみるならば、トップは、東京大学、京都大学といった国立大学法科大学院ではなく、予備試験合格者なのだ。二〇二一年でみると合格者数は一四二一人だが、予備試験をへての合格者は三七四人である。しかも、予備試験経由の司法試験合格者は、二〇〜二四歳が二二四人を占めている。つまり、ある司法試験予備校が明らかにしているように、予備試験をへての司法試験合格者は、その大半がダブルスクール組である。かれらは司法試験に合格し、法科大学院を中退して法曹への道を歩む。

司法制度改革審議会も文科省も、法科大学院創設の際に受験技術に偏重することなく広い教養と学識をもった法曹の養成を図ると強調した。だが、法科大学院の惨状は、もはや否定できない事実である。弁護士の小林正啓は「政治家（自民党）と官僚（文部科学省）と当事者（大学）が一致団結すれば、国家制度の創設はかくも容易である、という見本のような展開」（『こんな日弁連に誰がした?』平凡社新書、二〇一〇年）と、法科大学院設置の過程を評した。まさに的を射た指摘だ。政府・文科省の責任を指摘したうえでいうと、この法科大学院の惨状は、あらためて大学で法学教育を担当し研究してきた専門知の内実を問うものといってよい。

法科大学院構想が実現可能性を高めた段階での大学の実定法スタッフたちの「狂騒曲」について

はさきに触れた。だが、こうした法学者たちは教壇で正義、社会的平等、公正、人権といった価値を強調しつつ、それぞれの分野の法解釈理論を論じてきたはずである。また、社会的に重要性が高いとされる裁判所の判決にたいして、それがもつ社会的影響力について論じてきた。「法科大学院がなければ大学の格に係わる」といった発言と、教壇や専門ジャーナルなどでの発言は、どこで整合するのか。本来、公正、正義、平等といった法学の基礎概念は講壇上のものであってはならないはずである。

もちろん、法学者のすべてが学問の基本命題を否定しているといっているのではない。法科大学院に否定的見解を述べた研究者もいる。だが、繰り返すまでもなく各大学の法学者が冷静に法科大学院なるものを判断していたならば、現在のような惨状は生じていなかった。この法科大学院の惨状の最大の犠牲者は「社会人学生」だろう。国立大学の学費も決して安くはないが、私立の法科大学院の学費は三年間で一〇〇〇万円近い。学部生から法科大学院に進学した若い学生は夢破れてもまだ次の道を探すことができる。だが、社会人学生には茨の道が待っているだけだ。だが、それを最近はやりの「自己責任」で片付けてはなるまい。

実定法学も社会科学である。政治の構想する政策・制度について単純に同調するのではなく、その本質を見抜かねばならない。実定法学の専門知がそのような努力を欠くならば、「法の支配」は限りなく危機に陥っていくことになろう。

最高裁事務総局主導の司法制度改革

司法制度改革は、法曹人口の大増員＝法科大学院の設置のためにおこなわれたわけではない。司法制度改革審議会の「最終意見書」は、少なくとも裁判所・裁判官の運営や人事について透明性と民主性を向上させることを提起している。だが、法科大学院の設置と同様に具体的制度設計をしめしたものではない。具体的な制度改革の設計は、最高裁にゆだねられた。

最高裁は司法制度改革審議会の「意見」をもとに司法制度を設計するために、一般規則制定諮問委員会を設置した。委員は、裁判官三名、弁護士二名、検察官一名、元最高裁判事一名、最高裁事務総長、内閣法制局官僚一名、法律学者三名、非法律系学者二名、地方自治体、調停協会、司法書士会、言論界、財界、労働界各一名の計二〇名から構成された。そして委員会のもとに幹事がおかれ、最高裁事務総局総務局長、人事局長、審議官、参事官、関係課長、法務省司法法制部長、内閣法制局官僚、日弁連の弁護士（二名）が務めた。

司法制度改革のアジェンダ（議題）は多数にのぼるが、重要な課題は裁判官任用システムの透明性と公開性を高めることだ。ここでは任用システムの「改革」とこれに密接に関係する裁判官人事評価システムについて述べておきたい。

裁判官任用（再任）システムの改革

さきにも述べたように、裁判官の任期は一〇年であり、それが更新され六五歳の定年まで勤務する。最高裁は任期更新の裁判官の名簿を内閣に提出し内閣によって任用されることになっている。だが、この名簿を作成しているのは事務総局であり、最高裁裁判官会議はこれをそのまま決裁している。こうした事務総局による指名名簿の作成は、まったくの「密室」での作業だ。かつて宮本康昭判事補の判事任官拒否が司法界を揺るがせたことはさきに触れた。かれが青法協（青年法律家協会）の会員であったことが任官拒否の理由と外部は見做したが、最高裁が理由を説明したわけではない。

司法制度改革審議会は「指名されるべき適任者を選考し、その結果を意見として述べる機関を設置すべきである」と最終意見書で述べた。これにもとづき最高裁は一般規則制定諮問委員会の議を経て二〇〇三年二月に「下級裁判所裁判官指名諮問委員会規則」を制定した。同規則の定めた新たな裁判官指名システムはつぎのようなものだ。

中央に下級裁判所裁判官指名諮問委員会を設けるとともに、八つの高裁管轄区域に地域委員会を設ける。中央委員会の委員構成は**表10**のとおりだ。学識者にくわえて法曹三者の幹部から構成される。地域委員会の構成も同様だ。高裁所在地の地裁所長、地方検察庁の検事正が委員にくわわっている。

最高裁は中央委員会に任官（再任）希望者の氏名と経歴を提出する。それは最高裁の意見を付さない「白紙」の名簿とされている。だが中央委員会は審議の効率化を理由に作業部会（法曹三者から各一名、各識者二名）において、重点的な審議を必要とする「重点審議者」を選別する。中央委

表10　下級裁判所裁判官指名諮問委員会（中央委員会）委員

井田　　良	中央大学大学院法務研究科教授
伊藤　　眞	東京大学名誉教授
井堀　利宏	政策研究大学院大学特別教授
今田　幸子	元独立行政法人労働政策研究・ 研修機構統括研究員
神村　昌通	最高検察庁総務部長
北村　節子	元読売新聞東京本社 調査研究本部主任研究員
田邉　宜克	弁護士、福岡県弁護士会 元日本弁護士連合会副会長
中尾　正信	弁護士、東京弁護士会
中里　智美	東京高等裁判所判事
中田　裕康	早稲田大学大学院法務研究科教授
中山　孝雄	東京高等裁判所判事

（注）2021年8月5日現在

員会は「重点審議者」について最高裁に追加の資料の提出をもとめ、また地域委員会に詳細な情報（たとえば、訴訟指揮についての弁護士らの評価情報、必要なばあいは本人の面接）をもとめる。

このような過程を経て中央委員会は任官（再任）の適格者を最高裁に報告する。このシステムには外部の有識者を入れた「開かれたシステム」との評価がある。だが、それほど単純ではないだろう。とりわけこのシステムのキーは「作業部会」だ。「重点審議者」の選別基準などは何も公開されていない。しかも、中央委員会には「庶務」として事務総局総務局長が、「説明」として人事局長、任用課長が陪席している。中央委員会の議事要録は公開されているが、いかに個人のプライバシーにもかかわる人事案件とはいえ、文字通り「要録」を超えるものではない。はたして、こうした判事任命・再任システムを「国民に開かれた」司法改革といえるのだろうか。

裁判官評価システム

この裁判官任用・再任システムと密接に関係するのは裁判官評価制度である。裁判官の評価制度については、その存在をふくめて「秘密」とされてきた。司法制度改革審議会で委員の高木剛（連合副会長）は、裁判官人事の全体について説明と資料の提出をもとめた。最高裁はこれに応じて二〇〇〇年七月に、はじめて裁判官人事評価書（裁判官考課調査表）を公にした。その際、これは一九九八年まで使われたものであり九九年に廃止しているとした。考課調査表は毎年一回、高裁長官と地裁・家裁所長が所属の裁判官について記入し、最高裁に送付してきた。考課調査表は評価項目を大きく執務能力、健康、人物性格について四段階でチェックしたうえで、「総合判定」として自由記載するものだった。おそらくこの「総合判定」こそが、評価の核心だったのであろう。

考課調査表による裁判官評価制度を廃止し高裁長官や地裁・家裁所長の自由記載に変更した理由について最高裁は、「文章により、適切な表現を用いて自由に記載してもらう方が、その裁判官の適性等がより具体的に把握できるのではないか」と説明する。だが、これで評価の客観性が確保されると考える者はいない。さきの考課調査表の「総合判定」部分をあらためて評価書としたにすぎない。

司法制度改革審議会は、最終意見において裁判官にたいする国民の信頼を高めるために、評価権限者と評価基準を明確にし、客観性のある評価がなされねばならないとした。最高裁はさきの一般規則制定諮問委員会に諮り、二〇〇四年一月に「裁判官の人事評価に関する規則」を制定し、四月から施行した。

この新しい裁判官評価システムは、高裁長官、地裁・家裁所長を評価権者とした点で変化はないが、主要な改革点は第一に、裁判官に自己評価書の提出をもとめ、評価権者との面談を必須とした、第二に事務処理能力、組織運営能力、一般的資質・能力について評価権者は記述し、被評価者本人に開示する、第三に不服申し立てと応答を定めた、ことである。

確かに、従来の評価制度の存在が「秘密」だった時代と比べれば、一歩前進といえよう。だが、評価書は簡潔ではあるが具体性に欠けるし、不服申し立てにたいする応答も「不服の申出には理由がないものと思料する」という木で鼻を括《くく》ったような応答だ（詳しくは前掲『司法官僚』を参照されたい）。

法学系専門知の「沈黙」

このようにみると、司法制度改革審議会の設置理由とされた「国民に開かれた司法」は、具体的制度設計が最高裁（事務総局）にゆだねられたこともあり、「お題目」だけで終わったといってもよい。裁判は、人間としての権利を回復しようとする市民にとって「最後の砦《とりで》」だ。裁判官の身分が安定しているのは当然の前提だが、かれらは司法官僚機構の統制から解放され、常に市民の動きに敏感となりうる条件が整えられていなくてはなるまい。それが「国民に開かれた司法」の意味するところである。

裁判官のあいだには、司法制度改革審議会の設置を機として「日本裁判官ネットワーク」なる自主的組織がつくられ、一連の「改革」なるものを批判的に分析し、あるべき改革案を提示する動きが生まれた。ところが、法学系専門知の裁判官任用システムや人事評価制度に関する動きは、法科大学院設置時と比べるとき、なきに等しい状況であった。皮肉な見方をするならば、法科大学院は法学系専門知の関心を司法システムの基本構造の改革から逸らそうとするものだったのではないかといいたくなる。

序章でみた菅政権が任命拒否した学術会議会員候補のうち三名は公法学者である。政権にとって

「物言う公法学者」はとりわけ鬱陶《うっとう》しい存在だろう。だが、公法学にかぎらず法体系とその解釈についての理論構築は、常に政治に鬱陶しさを感じさせるものでなくてはならないのではないか。そのためには、判例研究のみならずそれが生みだされる司法システムのあり方を問わねばなるまい。法学系専門知の司法システム改革への「沈黙」は、この国の政治を閉塞させてしまいかねないであろう。

終章　政治と専門知の責任をいかに確立するか

菅義偉政権による学術会議会員の任命拒否は、近年の日本政治における重大事件といえる。日本国憲法第二三条「学問の自由は、これを保障する」なる簡潔な条文は、主権が国民に存することを宣言することで成立した規範である。この規定を基本前提として、学術会議は日本学術会議法にもとづき一定の自律性と政治・行政への発言を保障されてきた。会員の任命方法はこれまで二度にわたって変えられてきたが、学術会議が推薦決定した会員候補を政治（政権）が「問答無用」とばかりに任命拒否することなどなかった。

この「事件」の発生からしばらくの間、国会をはじめジャーナリズムにおいても、政権への疑問・批判が次々と投げかけられた。もっとも、マスコミの論調は、近年の論調を反映して批判一色ではなかった。なかには「フェイク」としか言いようのないニュースを流す報道機関もあった。

だが、この問題は賛否両論をふくめて、すっかり下火になってしまった。新型コロナウイルス感染症（COVID‐19）の急拡大や東京オリンピック・パラリンピックの開催問題が政治の焦眉《しょうび》の課題となり、学術会議会員の任命拒否問題は脇に追いやられたようだ。しかし、この問題が執拗に論じられないことを危惧しないわけにはいかないだろう。「学問の自由」や「思想・良心の自由」は、ある意味で空気のようなものである。その存在が現実に危うくなったときは、議論ができなくなるときである。他国のことではなく自国の歴史が教えている通りだ。

ところで、前章までにおいて政治と科学、というよりも政治権力と専門知の関係を、特徴的な政策分野ごとにみてきた。全般的にいえることは、政治権力と専門知の「協働」関係がかつてないほどに深まっているといってよい。政権からみるならば、存在の鬱陶しい学者あるいは団体を退けても一向に困ることはないということであろう。政権に協力する専門知はいくらでもいるということになる。

こうした状況がなぜつくられているのか。そこからどのように脱するのか。これまでの論述を振り返りながら、最後に政治の責任と専門知の責任について考えていこう。

1　官僚機構が機能した近代化

「官僚優位の時代」の意味

1章において政治がどのように専門知を調達してきたかを述べた。政治が社会の近代化を推し進めるためには、多様な専門知を必要とする。旧憲法体制下については再論しないが、アジア・太平洋戦争敗戦後の日本においても、ある意味で戦前期と同じように憲法体制をもとにした専門知の調達が必要だった。それはＧＨＱに主導されて調達された。とりわけ憲法体制に沿う基幹的な制度改革は、ＧＨＱの招聘した専門知に負うところが大きかった。とりわけ行政組織制度や公務員制度、教育制度はその代表例といってよい。

戦後復興から高度経済成長期にかけて官僚機構には、官庁エコノミストに代表される新たな専門知が注入された。近代化を急ぐ官僚機構は業界ごとに「仕切られた市場」をつくり官民共同体をベースとした経済発展を追い求めた。同時に官僚機構は、「国民に開かれた行政」「国民参加の行政」を標榜しそれぞれの行政、政策領域ごとに審議会を設置し、関連する専門知を囲い込んでいった。

ところで、こうした戦後復興から高度経済成長期における官僚機構の歩みには、すでに多くの論考が存在している。ただし、あらためてみておきたいのは、政治・官僚機構・専門知の関係構造である。

官僚機構は一時期、日本最大の「シンクタンク」といわれたことがある。これはあくまで比喩《ひゆ》にすぎない。だが、強大な権限、財源、膨大な情報量を有し、人材面においても相当な優れた職員を擁した。もっとも、官僚機構内部の伝統的なエリート（キャリア組）と非エリート（ノンキャリア組）の「身分的関係」をみない訳にはいかないが、とりあえず、ここでは擱いておこう。

政治の非合理的な思考にささえられた官僚機構

自民党一党優位時代の官僚機構は専門家集団として政策・事業の案の作成にリーダーシップを発揮したといってよい。このようにいうと、中曽根政権と専門知の関係に触れた先の記述と矛盾するように聞こえよう。中曽根政権が濫設した私的諮問機関による国家主義的政治はたしかに大きな日本政治の変化であり、それは第二次安倍政権の伏流であった。とはいえ、第二臨調に集められた財界人、学者・研究者、国家主義と新自由主義を信奉する評論家たちは、政策転換の糸口を切り開いたものの、官僚機構の培ってきた政策手法を否定できたわけではないし、そもそもそれだけの意欲をもつ者ではなかった。

これをもっともよく物語るのは、電電公社の民営化＝日本電信電話株式会社（ＮＴＴ）の発足であるといってよい。ＮＴＴの発足はたんに電電公社の民営化ではなく、電気通信市場の形成を意味する。郵政省（現・総務省）はこの市場の形成のために電気通信事業法を制定し、第一種電気通信事業者、第二種電気通信事業者を設けた。そして、この新たに仕切った市場において業への参入規制はもとより料金、諸設備にいたる許認可権限を入手した。だが、この政策手法は、石油業法や建設業法に代表される伝統的な官僚制行動に外ならない。逆にいうならば、法制官僚を中軸とする官僚機構は、政権の掲げる政治目標に従順な姿勢をとりつつも、法制化段階において自らの権益を追求する能力とモラール（士気）を保っていたのである。この限りで、各省官僚機構は審議会等をつうじて専門知を囲い込んだものの、かれらを政策・事業のアドバイザーとして縦横に活用することはなかったし、その必要性も薄弱だった。

一方において政治は、全体状況からいえば、背後の「個別利益」の追求に奔走しつつも、政治のあり方にリーダーシップを発揮することはなかったといってよい。個別利益を追求する議員たちは、当然のように集団を形成し影響力を強化する。この「〇〇族議員」集団といわれる集団内には大ボス・小ボス・一兵卒の上下関係がつくられ、それは自民党の党内秩序の形成に影響力を発揮する。しかし、こうした政治であるからなおのこと外部の専門知との関係など関心外となる。かれらの関心はもっぱら背後の利益を官僚機構に伝達することであり、また政策・事業の実施手続きや事業実施個所の選定に影響力を行使することにおかれたのである。

こうした政治は米ソ冷戦体制のもとでアメリカの「核の傘」に守られつつ経済発展を追求しえたからであるといえる。だが、この長期にわたる「平和な時代」は、政治の世界から理性を奪い自らの行動の「非合理性」への自覚の感性を喪失させたといってよい。そして、官僚機構は政治の非合理的な思考と行動にささえられて影響力を「誇示」できたのだ。

「政権交代なき政策転換」にむけた専門知の躍動

学問の自由は、このような政治と官僚機構の状況では、政治問題とされることはなかった。六〇年代中盤からの公害・環境問題の深刻化は、自然科学・人文社会科学にわたってきびしい批判論調と政策論争を呼び起こした。また自治体レベルにおいて中央政府に対抗して公害・環境問題、福祉についての政策のイノベーションを提起した。とりわけ、東京都の美濃部亮吉知事のもとにおいては、多数の専門知が政策の転換に助言機能を発揮した。ある意味で、戦後日本において専門知が政府に対抗して政策転換にむけて躍動した時代だったといえよう。

とはいえ、「政権交代なき政策転換」(松下圭一)といわれたように、いわゆる「革新」自治体がイニシアティブをとった公害・環境政策や福祉政策は、中央政府に包摂され全国展開されていった。言い換えるならば、官僚機構には政策転換にむけた政策実験に対応し、それによって自らの組織的リソースを拡充する意図が秘められていたのだが、それなりの許容力が存在していた。

また政権党である自民党内には、当然のように批判勢力が存在したものの、かれらの大勢は、全国的に巻き起こる反公害の声に抗うことは政権基盤を揺るがすという認識を保っていた。同時に、自民党の領袖はいずれもアジア・太平洋戦争の敗北による経済社会の大混乱とそこからの復興を身をもって知る世代である。かれらの政権と政策展開については、もちろん個々の局面で批判を浴びせられたものの、それなりに市民の感性に敏感であったといえるだろう。それが「戦後民主主義」なる「茫漠」とした「価値」を、時に批判しつつも大きくは逸脱しなかった理由であるといってよいだろう。

専門知主導の原子力開発

このように近代化過程における政治と専門知の関係を概観してみると、官僚機構がそれなりのモラールを備え政策・事業案の作成にリーダーシップを発揮してきたといえよう。もちろん、この官僚機構に蓄積されている専門的知識は法制官僚としてのノウハウである。またくわえるならば、技術官僚の河川、道路、農業土木技術であった。官僚機構の周辺に水資源開発公団、道路公団といった外郭団体（特殊法人）が濫設され、外郭団体に集められた専門職員を動員しつつ、事業計画を作成していった。高位の技術官僚は、省内ポストが限定されていたとはいえ、まさに法制官僚との一体性を強めつつこれら技術系職員の管理に努めていった。そして、こうした官僚機構の動きを統御すべき政治は、個別利益追求の「小さな政治」に関心を集中させていたゆえに、官僚機構に「従属」し、「官高政低」といってよい状況がつくられたのである。この限りにおいて官僚機構は外部の専門知に大きく依存する必要もなく、また政治も学問・研究の自由に介入する必要もなかった。もちろん、研究者を中心として政権批判は活発に展開されはしたが、政治はそれを学問の「習性」

程度に認識していたといっても言い過ぎではないだろう。

ただし、政治と官僚機構と専門知との関係において一つの例外は、原子力開発であったといってよい。すでに3章でみたように、政治は高度のイデオロギー観点から、あるいは「小さな利益」の観点から原子力開発をささえた。伝統的に河川や道路、農業を中心とする技術官僚は、原子力開発なる巨大技術への対応能力を備えていなかった。したがって、「原子力ムラ」なる巨大な利益共同体が政治にささえられ成長したのは事実だが、政治・官僚機構との関係についていうと、大学、電力会社、重電メーカーの学者・技術者などの専門知が他の介入の余地のない空間を形づくったといってよい。もちろん、原子力開発や原発に批判的な学者・研究者はその危うさを訴え続けた。だが、それはことごとく原子力ムラの専門知に無視され続けた。

2　官僚機構と政治の「劣化」

新自由主義の台頭と官僚機構のモラールの低下

しかし、時代は大きく変わった。いまや官僚機構は明らかにモラール（士気）とモラル（職業倫理）を低下させている。政治は一方で猛々しいイデオロギーを振り回しながらも、「小さな政治」

に埋没している。専門知は、かつて「象牙の塔」と揶揄された時代から脱したようにみえるが、政権および官僚機構との緊密な関係を築こうとしている。こう言ってしまえば批判を免れないかもしれないが、専門知の職業倫理からも「批判精神」は失われかけていよう。もっというと、そのことすら意識されない状況がつくられていよう。

こうした時代の到来をもたらした要因はまさに大小複合していようが、その基本にあるのは、前世紀から台頭しいまやCOVID-19のパンデミックにもかかわらず一向に衰えをみせない新自由主義であるといってよいだろう。

もともと一九八〇年代のイギリスそしてアメリカにはじまる新自由主義は、当然のように日本にも影響をおよぼした。この流れに棹差《さお》したのは、八〇年代の中曽根政権だが、それが政治（政権）の主たる潮流となったのは、二〇一二年に成立した第二次安倍政権以降であるといってよい。新自由主義なる政治経済潮流は、政府規制は市場経済を阻害するとして否定し、また所得の再分配を基本とする福祉政策に反対した。市場原理主義、反福祉国家を標榜したが、反知性主義こそその真髄であるといってよい。政府規制にせよ福祉にせよ、具体的政策・事業展開において負の要素をもつことは避け難い。とはいえ、それらは人間の叡智が築き上げてきたものである。

政権中枢がどこまで新自由主義を信奉していたのかは、疑わしいかぎりだ。ある意味でかれらは情緒的新自由主義者であったともいえよう。だが、「岩盤のような政府規制を破壊し経済を再生させる」「自助こそが社会生活の基本」といった言葉を連発し、経済社会を領導していった。社会的にはそれに「素朴」に共鳴する状況が強まっていった。だからこそ、七年九か月におよぶ安倍晋三の長期政権がつづき、菅義偉政権へと引き継がれた。

だが、こうした新自由主義政権が長期化するほどに官僚機構のモラール（士気）もモラル（職業倫理）も損なわれていくのは必然である。新自由主義が猛威を振るうならば、官僚機構は政策・事業さらに行政実施の方向性を見出し難くなる。極端にいえば、政府規制の廃止を政治が徹底して追求するならば、いったい、何を目標に掲げて行動すればよいのか。医療財政の「健全化」のためには医療施設の「過剰」を直視し、赤字病院の閉鎖が必要とする論調が強まるとき、廃止対象病院のリストの作成を、だれが喜々としておこなうだろうか。職務とはいえ創造性の欠片もない仕事を命じられるならば、モラール（士気）は低下せざるをえない。

「政治主導」の名による官邸支配

しかも、安倍＝菅政権は、二〇〇〇年を前後するころより政治課題とされてきた政権主導体制を官邸主導という形で強化した。政治・行政に首相がリーダーシップを発揮しうる体制を築くことは長いあいだの政治課題だった。二〇〇一年の行政改革によって内閣官房の強化とならんで内閣府が設置された。首相直轄の補佐機構であり、各省官僚が集められ政策統括官のもとに政権の意をうけて政策・事業の作成を担う体制がつくられた。

さらに二〇一四年には、内閣官房に内閣人事局が設けられ部長級以上の幹部職員（約六〇〇人余）

の人事権を把握することになった。人事局長には首相の腹心である内閣官房副長官が補職された。「官庁の自治」とさえいわれた各省人事は崩れたのである。しかも、内閣人事局による幹部官僚人事は、官僚としての能力、資質を判断するよりはむしろ首相、官房長官、官房副長官らとの関係を重視した「縁故主義」的色彩が強いものだった。内閣人事局の人事は各省の幹部任用に限定されたわけではない。内閣府をふくめた人事だ。したがって各省の幹部を内閣府に任用するとともに、のちに各省に帰し幹部に任用する人事が当然のようになった。一方において、「通常」ならば当然、事務次官と目されていた官僚が、政権最高幹部の政策指向の非合理性を批判したとの理由で左遷される事態も生まれた。しかも、内閣人事局が対象とする官僚はさきのとおりだが、それ以下の者も内閣府に「出向」という形で一本釣りされた。

こうした人事が中心となっていくならば、一方において政権の意に忠実であることによって官僚制の階段を上ろうとする一群の官僚があらわれてくる。また組織として政権の意向を「忖度」し、官僚制組織の合理性を自ら否定する行動が展開されることにもなる。公文書の改竄《かいざん》、エビデンスの捏造といった「大事件」はいうにおよばず、閣議決定をへて国会に提出した法案に数多くの誤字・脱字をはじめ事実の間違いが発見されるという、およそ信じ難いだけでなく「前代未聞」の事態が生まれることになる。

新自由主義の闊歩《かっぽ》が官僚制のモラールを低下させただけではない。政治主導の意味を吟味《ぎんみ》する知性を欠いた政権が独善性を強めることによって、そうでなくとも時代への適合性を見失いかけている官僚機構は、専門職業人として政策・事業を構想する能力を失っていったのである。

反知性主義と専門知の重用

こうした官僚制の劣化は、政権および官僚機構の双方ともに専門知との関係に変化をもたらしたといってよい。新自由主義は市場原理主義的な政治と経済の活動に象徴されるが、一方において国防＝軍事の本源的国家機能を重視する。レーガン政権全盛期にワシントンD・Cの民主党系シンクタンクであるアーバン・インスティテュートで研究の機会をもった。当時、一種の流行語でもあった「小さい政府」（small government）について同僚は「誤りだ、限定された政府（limited government）と表現すべきだ」と折に触れて語っていた。「限定された政府」は流行語とはならなかったが的確な表現であろう。つまり、市場については政府の規制を徹底して緩和し、軍事力の強化に特化する、反知性主義を意味する。それは「周回遅れ」であれ日本でも同じだ。

この事態を象徴するのは、自衛隊の集団安全保障＝海外展開を象徴する安全保障法制だ。これにはすでにみたように、特定の専門知が深くかかわった。逆にいうと、既存の官僚機構の蓄積してきたノウハウでは対応能力を欠いていたのである。良かれ悪しかれ、官僚機構は「保守的」である。かれらは法理解釈の合理性の追求を伝統としており、そのかぎりで反知性主義に与してこなかった。政権の繰り出す急速な政策に対応しうるものではない。政権は自らの意思の具体化を官僚機構にゆだねることはできないと判断したといってよい。

同様のことは安倍政権の新自由主義経済政策の極みともいえる「働き方改革一括法」の作成にもいえる。「働き方改革実現会議」には、経済団体・労働団体の代表を当然のようにくわえているものの、官邸官僚の操作可能と思える有識者も少なくない。従来の日本の政策決定であれば、労働法制を担当してきた官僚機構に原案の作成をゆだねるところであろう。だが、さきにみてきたように官僚機構は新自由主義の「攻勢」のまえに萎縮し、政権が望むような労働規制の「岩盤」の破壊を政策化する意欲をもちえない。政権からみるならば、「使用価値」がないとなる。

このように政権と専門知の関係は、政権に親和的な専門知の重用となっていったが、一方の官僚機構も専門知と新たな関係をもつようになった。さきに官僚機構が明らかに組織目標を見失っていることを述べた。とはいえ、官僚機構が自らの役割の終焉を宣言し、すすんで解体の道を辿《たど》ることなどありえない。本来であるならば、九〇年代中期に政治アジェンダとなった地方分権改革に取り組み、自らは高次の行政・政策機能に純化する道があろう。それは組織の簡素化を不可避とするが、責任は一段と重くなる道である。だがそれは子細な権限を背景とした、指導、助言、勧告といった非権力行為にはじまり権力的行為の多くを失うことになる。それゆえ、地方分権改革は官僚制組織にとって「痛くない程度」で終わらざるをえなかった。

「賞味期限」の延長と有識者会議

それでは官僚制組織はいかにして「賞味期限」の延長を図るのか。そのための装置と手続きを必要とする。これまでにも触れてきたが、そのための装置として安倍＝菅政権のもとでかつて以上に目立っているのが、有識者会議である。それによる政策構想力の低下を補完し、かつ世論を自らに優位に導くことができよう。有識者会議はもちろん政権中枢も用いているが、有識者会議はかつての行政用語を使えば私的諮問機関である。「私的」とはいうが大臣や局長など行政幹部の「私的」勉強会ではない。国家行政組織法や内閣府設置法を基本的根拠として法令で設置したものではなく、要綱等を官僚組織の裁量で定め設置したものである。それだけ時々の政策アジェンダに対応して機動的な設置ができ、また一定の「報告」をえて廃止することも容易である。またメンバーも官僚機構の意に適《かな》う人物を選任できる。この「意に適う」とは、執政部と政治指向を同一とする人物や官僚機構と利害関係を共有する人物ばかりではない。官僚機構に使われることを「名誉」あるいは自己のステータスの「向上」と考える「無邪気なエリート」、さらには官僚機構が「宣伝塔」となりうると判断した人物など多岐におよぶ。

このように有識者会議がアドホックに設けられ、マスコミを通じて活動が報じられ、そこでの「提言」や「報告」が一定の評価をえるならば、官僚機構は自らの政策能力をアピールすることができよう。

しかし、このような有識者会議の利用は、じつは官僚制組織のモラールを低下させるものだ。国土交通省は二〇六五年度と法定されている高速道路の有料化廃止をくつがえし先延ばしするために有識者会議を設置した。前回の東京オリンピックの前年の一九六三年に開通した名神高速道路を手始めとして、「我田引道」ともいえる政治の圧力をうけて高速道路網は拡張してきた。採算性を無視した高速道路建設は建設省＝国土交通省のみの責任ではない。これだけ高速道路網が拡がり「料金プール制」を採用し続けるならば、いつになっても料金無料化など実現しないのは自明だ。国土交通省は自ら持っている情報をもとに新たな高速道路財政について政策提起すべきなのだ。有識者会議を設けて現状の難題を先送りしているかぎり、官僚制組織の政策構想力の回復にはつながらない。

同様のことは、文部科学省の大学入学共通テストへの対応にもいえる。二〇二〇年度に始まったテストでは、当初英語のリスニングテストを外部の検定機関のテストで実施することや国語と数学の記述試験の採点を外部にゆだねることが打ち出された。だが、とりわけ英語のリスニングテストの民間試験の利用については、高校および受験生からの批判がよせられ、初回はとりあえず「中止」された。だが、その際に専門家からなる有識者会議を設置して、今後続けるかどうかを検討するとした。

この有識者会議の「報告」をもとにして、外部機関を用いたリスニングテストや記述式テストの採点は共通テストから除外されたのだが、いったい、何のための有識者会議なのか。この程度のことは、全国の教育委員会事務局（教育庁）とのあいだで頻繁に情報の「交換」（「取得」）をしている文部科学省である、実施できる状況でないことは分かっているはずである。過去の決定の誤りを率直に認めたうえで、試験科目からの削除を打ち出せば、済むことであろう。こうなると、「官僚制の劣化」も際立つといえよう。いずれにせよ、学歴エリートを集め権力的・非権力的権限を行使し、政策形成を領導してきたかつての官僚機構は見る影もないといえよう。

しかし、それにしても、政権中枢のイデオロギー性の濃厚な有識者会議から、およそ自らの識見を披露する余地もない有識者会議に参加する専門知の動きをみるとき、この国の学問・研究状況に危惧を憶えるのは、筆者のみではないだろう。

3　大学・大学院の「変容」と専門知

ひたひたと押し寄せる文科省の大学「支配」

序章で述べたように、専門知の養成機関であり、また研究拠点となってきた大学・大学院は、これまた二〇〇〇年代に入って新自由主義の大波に洗われた。否、正確にいうならば、政治学者の重《お》田《だ》園江が鋭く指摘するように、新自由主義的言辞を弄した文科省の大学「支配」というべきだろう（「大学改革における統治性——官僚制と市場のレトリックをめぐって」福井憲彦編『対立する国家と学問』勉誠出版、二〇一八年）。

大学間のあるいは研究者間の研究費獲得競争が推奨されるとともに、大学・大学院の経営の効率化が重視され、大学執行部の権限強化が進んだ。大学教授会は大学執行部（理事会）の単なる事務連絡組織でしかなくなっている。たしかに、教授会＝「おしゃべり小屋」との揶揄もまったくの的外れでなかった部分もあった。特定の議題を延々と議論しつつも結論にいたらず次回送りといった事態も珍しくなかった。とりわけ、議題が間接的であれ政治や社会動向に関係するものであるとき、議論はそれぞれの政治観や社会観を反映してなかなか前に進まなかった。

こうした状況だから大学・大学院は社会の「発展」に寄与できないのだという声が巻き起こる。もちろん、大学の状況を大括りしてしまうことはできない。執行部の提案に異論がまったく出ないか、先任教授の意見に内心の思いはともかく沈黙を決め込むことが常態化している大学もあったことだろう。しかし、「おしゃべり小屋」といわれようとも、細かな専門分野を超えて「百家争鳴」的議論が交わされることは、学問・研究に職業として関わろうとする者にとって重要な礎石であるといえるだろう。

このような状況（雰囲気と言い換えてもよい）が徐々に変化しだしたのは、一九九〇年代後期であるといえるのではないか。文部科学省は小中学校基礎教育から大学・大学院の高等教育にいたるまで指導・助言・援助行政を旨とするとしているが、実際のところは設置許可権限や財政的補助を通じて「統制」してきた。さらには国立大学については事務局幹部を本省官僚の「出向」人事としてきた。また旧帝国大学、旧制大学（主として旧医科大学を母体とする大学）、新制大学にランク分けし、財政支出をはじめとしてコントロールしてきた。まさに、助言などというものではなく「統制」という方が的確である。

成果主義の強調と実務教育

そしてこの文脈のもとで二〇〇二年度には、大学間競争の活発化による研究水準の向上と創造的人材の育成をかかげて、二一世紀ＣＯＥ（center of excellence）プログラム補助金を創設し各大学を申請・交付にむけて駆り立てていった。大学執行部もこれに応えるために教員の管理を強め、シラバスの作成や授業回数の厳格化を求めるとともに、二一世紀ＣＯＥプログラムの採択に向けた準備を促していった。一種の成果主義が浸透することによって、少し極端にいうと教員の眼は、学問の社会的意義を問うよりはむしろ、成果主義にいかに応え自己の立場を守るかに変わっていった。

こうした成果主義の浸透にくわえてとりわけ文系大学（総合大学の文系）を駆り立てたのは、専門職大学院だ。従来の研究者養成のための教育機関を社会に開かれたものとするのが設置目標だ。会計大学院、公共政策大学院などがつぎつぎと設置されていった。さきに述べた法科大学院もこの系列の産物といえる。学部から直接進学した者もいるが、多くは社会人である。大学が実践的かつ実務的な教育機関となることを一概に批判はできないであろう。だが、大学財政が豊かであるならば、実務に通じた人物を雇用できるが、それほどの余裕はない。ともかく、スタッフは既存教員の兼務である。

こうした実務指向の教育は当然のように学部学生のキャリア教育、インターンシップの推奨に連動した。少子高齢化が次第に進行し、大学間の受験生・学生の奪い合いが激しさを増した。詳細なシラバスの作成、授業回数の厳守（4単位のばあい三〇回、このなかに単位認定試験はいれるな）、丁寧な就職指導といった文科省の「指導」に否応なく応えていくことがスタッフにもとめられる。

くわえて、序章で述べたように、二一世紀に入ってとりわけ顕著となったのは、教員の身分の不安定化だ。任期を限定した特任助教、准教授、教授はもはや一般化しつつある。かつてから非常勤講師の処遇問題が議論されてきたが、一見、常勤職のようにみえつつも、将来にわたる確たる研究キャリアパスを描けないような事態が生まれている。

大学・大学院の社会的責務が学問研究の発展に与し学生の教養・知識の向上を図るとともに、社会の問題事象の解明に貢献することだ、というのは「簡単」である。しかし、そのようなあるべき論の基盤は弱体化の一途にあるといったら言い過ぎだろうか。

大学組織の内部に進む分断

こうした現状は、大学なる組織を幾重にも分断する。任用期限を切られたスタッフは研究の継続性に苦悩する。かれらをふくめて専任教員は、研究よりは学生の実務的指導に忙殺される。その一方で過去の業績や現実の政治・行政への認識にもよるが、政権や官僚機構とのかかわりを深めようとする者を生みだす。それによって、大学の「雑務」の急増のなかでも自己の社会的価値が認められていると認識する。およそ、政権や官僚機構の射程外にある基礎分野の研究者との関係も疎いものとなる。

政治や官僚機構に近年目立つのは、すでにみたように自らの都合に応じて専門知を利用することだ。それはいまに始まることではないとの意見もあろう。とはいえ、政権の反知性主義が濃厚となり、またかつて政権の意をうけて政策・事業の「原案」を作成した官僚機構は劣化している。こうして専門知を利用する取り繕いが大規模に起きている。

しかし、これまで述べてきたような事態が大学・大学院に進行しているとはいえ、専門知の側にはご都合主義的な政治や官僚機構に簡単に応えることとの責任が問われていよう。社会科学、自然科学を問わず科学者にもとめられるのは、人権、福祉、公正、公平といった普遍的価値に照らして現実の構造を分析し、問題点を発見していくことであろう。つまり、科学は「誰のためにあるのか」を常に念頭において政治・行政・経済を分析していくことだ。これは人文・社会科学のみではなくひろい意味での自然科学も同様である。3・11原発過酷事故もCOVID‐19も、その背景にある政治・行政への洞察を抜きに新たな対策は描くことはできない。わたしたちが社会的規模で真剣に考えねばならないのは、政治と専門知の緊張関係をいかに築くかであろう。

4　科学的マインドをもった政治と自律した専門知にむけて

統治能力を失った安倍＝菅政治の退場

菅義偉首相の自民党総裁選挙への不出馬によって、八年余にわたる安倍＝菅政権は幕を閉じた。安倍政治を継承するとしてきた菅の行動の背景と理由については、「憶測」とも「真実」ともつかない評論がメディアを飾った。だがそれらは、長期政権終焉の基本的要因を物語るものではないだろう。

新型コロナウイルス感染症のパンデミックとともに、社会の底流には安倍＝菅政治の新自由主義経済財政運営と非科学的な政策にたいする批判や不満が鬱積している。安倍政治が推し進めた新自由主義経済政策は、非正規労働の拡大が象徴するように階層間格差を拡大した。「一億総活躍」「女性の活躍推進」「全世代型社会保障」といったコピーによって新自由主義の本質は多分に隠されてきたが、COVID-19が市民生活の基盤を直撃し政権の言辞の虚構性を多くの市民に知らしめることになった。

COVID-19に直接関係する政権の政策は4章で述べたが、科学的エビデンスに眼をむけるものではなかった。極めつけは、菅義偉首相が言明した「中等症」以下の患者は「自宅療養が原則」というものだろう。菅義偉は首相就任時以来、社会と政治・行政のあり方を「自助・共助・公助」と述べ、人びとの自己責任・自己努力を強調していたが、重症か重症化リスクの高い患者以外は「自宅療養」との判断にいたっては、政治の責任による医療体制の充実を蔑《ないがし》ろにした「棄民」政策にも通じるものだ。この発言には社会的批判を浴びて若干の修正がくわえられたが、自宅療養者への医療・看護のささえは寒々としたままだ。東京オリンピック・パラリンピックも世論の批判など意に介さず実施された。だが、「コロナに打ち勝った証し」どころか、東京都の一日の感染者数は五千人を超える日さえ生まれた。

菅内閣の支持率はメディアによって若干の違いがあるが、いずれも内閣発足直後を頂点に下がり続け、二〇二一年八月には「最低」を記録し、二〇パーセント台としたメディアもあった。こうした低支持率は、もちろん説明責任をなにかと無視してきた八年余におよぶ安倍=菅政治の限界が、コロナ禍によって鮮明になった結果といえよう。言い換えるならば、COVID-19問題は、たんに医療の機能不全を告発しているのではなく、新自由主義経済政策による生活の危機的状況をきびしく問うものといえよう。つまりは、政治の反知性主義とそれに追随してきた専門知に根底からの変化をもとめる動きが、社会の基層に生まれていることを物語っていよう。安倍=菅長期政権は、こうした社会の変動を前にして統治能力を失ったのである。

政治に不可欠な科学的マインド

新たな政治に問われているのは、社会的問題事象や病理を正確に認識する心的態度であり、それにもとづいた改革を果敢に試みることである。これは政権党のみではなく野党をふくめたすべての政党にいえることである。

いったい、そのような客観的条件がどこにあるのかといった反論がすぐに返ってきそうだ。たしかに、小選挙区・比例代表並立型の衆院選挙制度のもとにおいて、政党中央の権力は強大だ。政権党はまさに政権党であるがゆえに一段と顕著である。だがそれは、政権党が「順風満帆」に歩んでいるときのことである。いったん、社会の底流に静かな、しかし着実な変化が生じるならば、まさに小選挙区制度中心であるがゆえに政権党議員の足元は大きく揺らぐ。もちろん、このことは野党についてもいえる。野党と一口にいっても、オポジッションとして政権党に対抗しようとする意欲をもつ政党ばかりではない。時代への緊張感を欠き政権にすり寄る政党もある。だが、そのような野党はもはや論外であり、政権党も野党も小選挙区制度の「パラドックス」を認識し、社会の底流の動きに応える政策綱領を大胆に提起することである。

政治家が科学者である必要はない。政治家にはそれぞれ「得意分野」（専門分野）があるだろうが、問われるのは科学的マインドを保持する指向性だ。政治（家）の責任は「結果責任」であるとは長く語られてきた。とはいえ、安倍＝菅政治にたびたびみられたように、「結果」を自画自賛する非科学的総括が常態となっている。菅義偉はワクチン接種の結果、「コロナ感染症の収束に向かって明かりがみえてきた」と語ったが、いったいどこをみた首相発言だろうか。

政治家が科学的マインドをもつことは、それほどの難問ではないだろう。かれらはそれぞれ選挙区なる「地元」をもっており、地域との接触を重ねている。そこで生起している問題状況に一人の市民・生活者の眼をもってアプローチすることだ。そして問題事象の発生要因を熟慮することだ。もちろん、政治家はそれぞれ寄って立つ政治的価値観を有している。だが、それは問題解決方策に影響を与えるが、問題事象そのものの発見を制約はしない。制約しているのは、所属している政治集団への帰属がもたらす価値観である。

しかしそれは、市民の政治・政党への不信感が蔓延している時代には、「幻影」にすぎない。政党・政治家があらためて認識すべきなのは、市民の生活に端を発する疑問や批判の本質を見極める眼の大切さであり、それにもとづく政策・事業案の提起だ。さらに政治家・政党間の論争を徹底することである。それは政治家の科学的マインドに磨きをかけ、反知性的な動きを抑制していく。こうした活動こそが、政治主導の名のもとの官邸への権力集中とご都合主義的な非科学的な政策に、ピリオドを打つことができるのである。

官僚制組織の正当な評価

この大規模社会では、政治（政権）の科学的マインドの向上と市民生活の安定のために、官僚制組織の役割が正当に評価されねばならない。だが、安倍＝菅政治のもとの官僚機構は「反知性的政治のもとには反知性的官僚機構しか育たない」といいたくなる始末であった。首相官邸にたいする「忖度」が際立ち官僚機構のモラル（職業倫理）とモラール（士気）が低下していることは、本書のみならず多くのメディアが指摘してきたとおりである。

したがって、官僚機構をめぐる重要問題は、いかに専門的見地にたった政権の補助・補佐機構として確立するかであるといえよう。それは官僚機構に行動の再考を迫るものであるとともに、それにも増して政権（政治）の側に突き付けられている改革課題である。

安倍＝菅政権の八年余にみる反知性的な政治・政策運営には、与野党をこえて良識的政治家のあいだに批判や懐疑が生まれている。とりわけ、二〇一四年の内閣人事局の設置以降の安倍＝菅政治は、政権に忠誠をつくす「官邸官僚」（「側用人」といってもよい）を抱え込み行政や政策の合理性・公平性を蔑ろにしていった。

政治主導は首相の専制ではない。民主政治における政治主導とは、首相をトップとする執政部が政治経済や社会の問題事象にたいする基本的な対処方針をしめし、補助・補佐機構に政策・事業の原案を作成させることであり、同時に国会なる舞台において説明責任を全うすることだ。この意味での執政部のリーダーシップが日本の政治に不可欠であるのは論を俟《ま》たない。問われているのは、それを基本として民主政治における執政部の位置と役割を設計する政治の資質である。

執政部が高次の政策課題を明確にするためには、当然、直属のスタッフ機関を必要とする。それはしかし、現在の内閣官房・内閣府のような霞が関の縮小版のような組織をつくり「情実人事」にも等しい人事を展開することではない。

官僚機構を使いこなすとは

執政部がこのような改革を果たさないかぎり、官僚制組織が専門的能力と機能的合理性を発揮することはない。官僚制組織の非合理的側面を強調してもはじまらない。それを極力抑制することは政治の責任である。かつての民主党政権は、各省に大臣・副大臣・大臣政務官の「政権チーム」を配置し、それによる官僚機構のコントロールを試みた。その発想は評価できるが、実質をともなうものでなかった。要因はけっして一様ではないが、政治部門と官僚組織の双方に相手への信頼感が欠如していたことだ。言い換えるならば、政治にたいする補助・補佐機能とは何かが認識されていないことだったろう。官僚機構のもつ専門的かつ技術的能力を評価したうえで、それを最大限引き出すことを前提としないかぎり、政治と官僚機構の信頼関係は築けない。ましてや特定の官僚を「重用」する政治は、組織としての官僚機構を否定するのにも等しいのだ。

一九九四年に成立した自民・社会・さきがけ連立政権で大蔵大臣を務めた武村正義は、その回顧録(『聞き書 武村正義回顧録』御厨貴、牧原出編、岩波書店、二〇一一年)のなかで重要な問題を提起している。それは、官僚たちはたった一つの最終案をもってきて決裁をもとめるのではなく、二、三の選択肢をもってきてそれらのメリット・デメリットを説明し、大臣に考えさせるべきではないか、というものである。武村の指摘する官僚機構の「悪弊」は、政治家の側が意思決定に知識と責任をもたず、官僚に「お任せ」をもって大臣の地位に安住してきた結果である。今日なお、武村の指摘した「悪弊」は是正されていない。それどころか、政治部門の意思を「忖度」することが常態となったとさえいえよう。それだけに、武村の問題提起は、政治と官僚機構の双方に思考の転換を迫るものといえよう。政権の政策・事業を科学的エビデンスにもとづくものへと変化させるためには、官僚機構の専門能力に信頼をおいたうえでの緊張関係の構築が必要とされているのだ。

官僚機構は専門能力の向上のために外部の専門家の知恵を借りることは当然あるだろう。だが、すでに述べたように、組織の存続のためにご都合主義的に専門知を利用することはあってはならない。官僚機構は自らの蓄積した知識や情報にもとづいて政策や事業の原案を明瞭にしめし、それについての意見を専門知にもとめその過程を公開すべきなのである。自らの原案を隠しあたかも専門知の発案によるかのように装うことはあってはならない。それでは政治との信頼関係は築けない。同時に専門知もまた、官僚機構がいかなる意図のもとに外部の知恵を必要としているのかを熟慮しなくてはならないのである。

批判的眼差しの否定は社会を衰退させる

ところで、二〇二一年九月に実施された自民党総裁選挙に立候補した岸田文雄、高市早苗、河野太郎、野田聖子から日本学術会議の会員任命拒否に関する見解はほとんど語られなかった。任命拒否の正当性の主張、あるいは逆に改めての任命といった方向の提示はもとより、菅政権の任命拒否後に自民党内で叫ばれた日本学術会議の廃止をふくめた「改革」もしめされなかった。これら四人が揃って「沈黙」したのは、「学問の自由」にたいする理解の欠如であり、これまで述べてきたように、政権（政治）に批判的な学者・研究者など相手にせずとも、政治・行政の運営に協力する専門知は多いのであって何らの影響もないとの認識といってよい。だが、政治指導者がこうした短絡的な思考に立つとき、科学はもとより社会全体が旺盛な知的関心を失い衰退していかざるをえないだろう。

菅政権が任命拒否した六人の学者は、いずれも人文・社会科学の研究者である。菅政権は最後まで任命拒否の理由説明を拒み続けたが、はっきりしているのは六人にたいする個人的制裁ではないことだ。政権の行動に研ぎ澄まされた鋭い眼差しをむけることは、人文・社会科学の本源的な営みである。政権は学術会議会員の任命拒否を切り口（突破口）として、人文・社会科学のもつ「批判機能」を根こそぎにしようと考えているのであろう。それは自然科学とりわけ基礎部門にもあてはまる。政治や行政への批判的眼差しをもたずに科学・技術の開発を追求する専門知こそが望ましいのだ。このようにみるならば、学術会議会員任命拒否事件は、社会的スケールにおいて政治（政権）への批判を「封殺」し、過剰同調社会へと変えてしまいかねないといってよい。

専門知の自律性を回復する相互の討論

こうした状況から脱するためには、すでに述べた政治（政権）の基本的な変化が問われる。ただし、専門知の側にも自律性に向けた自覚的取り組みが不可欠である。研究者を取り巻く制度的環境はきわめてきびしい。いったん、制度化されシステム化されると、これを修正するのは並大抵でない力を要する。とはいえ、研究の制度的拠点である大学・大学院の集権的構造、研究費によるコントロールの強化、若手研究者を中心とした身分の不安定化などを改めない限り、学問・研究の自律性を確立することは難しい。研究者は足元の研究制度の改革に立ち上がるべきであり、それを手始めとして社会的問題事象に積極的な発言を展開すべきであろう。

幸いにというべきか、現代日本の政治は、自由な言論の展開を権力的に「封殺」するまでには至っていない。学術会議はもとより学会、大学内部において、それぞれの学問分野から政治・経済・社会の問題事象を透視した議論が展開されるべきなのである。それぞれのおかれた立場から議論に割ける時間は多様であろうが、議論の舞台が設定されることが重要なのだ。筆者の研究者としての過去を振り返ってみると、近年とりわけ感じるのは、それぞれの専門分野を越えた議論が減少していることだ。研究者のおかれた立場が不安定となり、そのような余裕がないとの意見もあろう。あるいは学問の細分化とそのなかでの業績主義が研究者間の幅広い交流と議論を拒んでいるともいえよう。

とはいえ、学問・研究を職業として選択した以上、個々の専門分野の理論の精緻化にくわえて、専門分野を越えた議論が必要とされよう。もちろん、思想・良心の自由、言論の自由は保障されねばならないから、政府の政策・事業の評価は多様であってよい。ただし、こうした議論が活発に展開されるならば、専門知の社会的有用性とは何かが導かれるはずである。そして無原則な政治（政権）への翼賛は抑制されていくであろう。専門知の自律性の「回復」は政治に一定のインパクトをもたらし、科学的マインドを備えたファクト重視の政治を導くといえる。

＊

ＣＯＶＩＤ‐19の爆発的な拡大は、政治の「失策」についての市民の怒りとともに、政権と専門知に新しい次元を切り拓く可能性をもたらしているとみておこう。これを現実のものとしえるかどうかは、政治にかかわるアクターの責任であると同時に、政治から自律した科学にむけた専門知の躍動に懸かっていよう。

あとがき

九年近くにおよんだ安倍晋三＝菅義偉政権が終わり、岸田文雄政権が二〇二一年一〇月四日に発足した。岸田首相は就任早々に一〇月一四日に衆議院を解散し、三一日に投開票を行うと言明した。この総選挙の結果、自民党は二六一議席を確保し、公明党は三二議席を得た。はたして岸田政権は、絶対安定多数の下で安倍＝菅政治からテイクオフして独自色を鮮明にしていくのか、しょせん亜流政権として歩むのか。大きな関心事だが、安易な予測は控えておこう。

とはいえ、安倍＝菅政治の歩みを振り返ってみると、科学的リテラシーに欠けた政権によってこの国の社会経済は幾層にもわたって分断されてきた。その状況は折からの新型コロナウイルス感染症（COVID‐19）の拡大によって一段と深刻さを増した。子どもから高齢者にいたるまで生活の基盤を失った者が少なくない。

菅前首相は退任直前に自らのワクチン政策を「自画自賛」するかのように緊急事態宣言とまん延防止等重点措置を全面的に解除した。だが、感染者数が「激減」したとはいえ、第六波の襲来の可能性が消えたわけではない。感染者が減少したから緊急事態宣言などは解除だというのは、あまりにも貧困な思考だ。五波にわたる爆発的「感染」の渦中には、救急搬送先がみつからず自宅で死亡する悲惨な事態が続出した。ワクチン接種率の増加をいうが、現実には体系なき接種方法によって混乱をきたしているし、医療の前提となるPCR検査についても同様である。ワシントンに「卒業旅行」している時間があるならば、五波にわたる襲来がみせつけた医療体制、保健所体制に代表される行政の脆弱性にたいする改革方針を示すのが、責任ある政治リーダーの姿であろう。

一方で安倍政権以来の専門家会議＝分科会の専門家たちの行動も不可解である。緊急事態宣言の発令のたびに政権は専門家会議＝分科会に諮っているが、政府方針をそのまま認めるだけだ。拡大を抑制する専門家としての提言はなきに等しかった。今回も同じだ。

＊

新型コロナウイルス感染症にたいする政権と専門知の関係は、はからずも政治と科学の関係を考えさせるものだ。本文中で述べたように、専門知は新型コロナウイルス感染症対策にかぎらず、政権が発議した重大な政策アジェンダに、なぜ、いとも簡単に協調していくのだろうか。政治（政権）から意見を求められたとき一切応答すべきでないなどと「陳腐」なことをいっているのではない。専門知が政権に協調し、さらには積極的に「お施主さま」の意に適う政策や事業の設計に傾倒することなど、あってよいのだろうか。

もはや半世紀も前の学生運動（大学闘争）について語ることは気恥ずかしい思いもする。とはいえ、若く未熟ではあったが、そこでのメインの争点は「なんのための学問か」「誰のための学問か」であった。草の根で苦悩する人びとを視座におかない学問・研究などあるのか、というものである。学生運動自体は、党派間の対立が高じて社会の批判の前に衰退していった。だが、提起した問題自体は消滅していないといわねばなるまい。

政権が規制緩和だといえば、積極的に進めようとする専門知があらわれる。それによって一層の困窮に堕ちる人間など皆無のようであり、想定すらされない。政権が介護保険の導入だといえば、保険料負担の逆進性などお構いなしに、「介護の社会化」の美名のもとに制度設計に邁進する専門知一色となる。あれほどの過酷事故でありながら「ほとぼりが冷めた」とでも考えるのか、原発の再稼働、老朽原発の運転延長、ＳＭＲ（小型モジュール炉）の開発だ、となる。ここには「誰のための学問・研究か」は、ほとんど意識されていないといわねばならない。

人文・社会科学、自然科学を問わず科学と政治の関係は古くて新しい問題である。だが、歴史を振り返るならば、権力に果敢に挑戦する科学にたいして「寛容」な政治は存在しないともいえる。それだけに、学問・研究の自由を確実に保障する民主主義政治体制が重要なのだが、同時に科学者は政治権力への安易な同調さらに翼賛をつねに自戒しつつ、権力への批判の眼差しを保っていかねばならないだろう。そうでないならば、社会は限りなく「平板」なものとなり政治権力の専制を許してしまうであろう。

この本は二〇二〇年一二月に上梓した『新自由主義にゆがむ公共政策――生活者のための政治とは何か』(朝日新聞出版)の続編である。そこでは安倍政権の新自由主義がいかに公正・平等といった普遍的な価値を省みることなく社会を分断してきたかを論じた。その際に、公共政策の立案に積極的に参画する専門知が多数存在することに触れた。当然、審議会や有識者会議にくわわる専門知とは何者か、といった疑問をもったがメインのテーマではなかった。

ところが、この前作が脱稿し校正段階に入った二〇二〇年九月、菅政権は学術会議が会員候補として推薦した一〇五名のうち六名の任命を拒否した。政治権力の「学問の自由への介入」として、学術会議はもとより多数の学協会、言論人などが批判の声を上げた。この事件は新自由主義者であるとともに国家主義者の「本性」が露骨に現れたものといってよい。二〇二一年一〇月に政権の座についた岸田文雄もまた、学術会議や野党などの任命要請を「すでに決裁済みの人事」として拒否している。

こうした自民党政権の行動に大いに危惧を憶えないわけにはいかない。とはいえ、政権や官僚機構の政策決定に参画している多数の専門知が存在する。言い換えれば、政権に口うるさい「邪魔」な専門家など排除して当然といった行動となっているといえよう。だが、そうならば、政権・官僚機構とそれに参画する専門知は、いかなる関係を織りなしているのか。また、そのような専門知はどのような人びとであるのか。学術会議会員任命拒否事件への批判とならんで重要な関心事とされねばならないだろう。

この本は、こうした関心から安倍＝菅政治の責任を問いつつ、専門知の働きに焦点を当て長期政権は何であったのかを考えるものである。同時に政治と専門知のあるべき関係を追究してみたものである。政治と専門知・科学との関係は、今後とも日本政治の重要な論点であろう。本書がその際のテキストとしての役割を果たせるならば、幸せである。

最後に、朝日新聞出版・書籍編集部の中島美奈さんには、『新自由主義にゆがむ公共政策』につづいて、構想の段階から編集の過程でお世話になりました。中島さんの的確なアドバイスによって短期間に刊行できました。ありがとうございました。

二〇二一年一一月八日

新藤　宗幸

肩書き、名称等は当時のものです。敬称は省略しました。

新藤宗幸（しんどう・むねゆき）
1946年、神奈川県生まれ。千葉大学名誉教授。中央大学大学院法学研究科修士課程修了。専攻は行政学。東京市政調査会研究員、立教大学法学部教授、千葉大学法経学部教授、後藤・安田記念東京都市研究所理事長などを歴任。著書に『官僚制と公文書——改竄、捏造、忖度の背景』『政治主導——官僚制を問いなおす』（いずれもちくま新書）、『原子力規制委員会——独立・中立という幻想』『教育委員会——何が問題か』『司法官僚——裁判所の権力者たち』（いずれも岩波新書）、『行政責任を考える』（東京大学出版会）など。近刊に『新自由主義にゆがむ公共政策——生活者のための政治とは何か』（朝日選書）がある。2022年3月、逝去。

朝日選書 1026

権力《けんりょく》にゆがむ専門知《せんもんち》

専門家《せんもんか》はどう統制《とうせい》されてきたのか

2021年12月25日　第1刷発行
2022年 9 月20日　第2刷発行

著者　新藤宗幸

発行者　三宮博信

発行所　朝日新聞出版
〒104-8011　東京都中央区築地 5-3-2
電話　03-5541-8832（編集）
03-5540-7793（販売）

印刷所　大日本印刷株式会社

Published in Japan by Asahi Shimbun Publications Inc.
ISBN978-4-02-263116-9
定価はカバーに表示してあります。

落丁・乱丁の場合は弊社業務部（電話 03-5540-7800）へご連絡ください。
送料弊社負担にてお取り替えいたします。